plurall

Parabéns!
Agora você faz parte do **Plurall**, a plataforma digital do seu livro didático!
Acesse e conheça todos os recursos e funcionalidades disponíveis para as suas aulas digitais.

Baixe o aplicativo do **Plurall** para Android e IOS ou acesse **www.plurall.net** e cadastre-se utilizando o seu código de acesso exclusivo:

CB011603

AAPFQ878R

Este é o seu código de acesso Plurall.
Cadastre-se e ative-o para ter acesso aos conteúdos relacionados a esta obra.

 @plurallnet

 @plurallnetoficial

SOMOS
EDUCAÇÃO

6º
ANO

Ensino fundamental
Anos finais

ESPAÑOL
sin fronteras

María de los Ángeles Jiménez García

É bacharela e licenciada em português e espanhol pela Faculdade de Filosofia, Letras e Ciências Humanas (FFLCH) da Universidade de São Paulo (USP).

Foi professora coordenadora do Centro de Estudos de Línguas (CEL) da 6ª Delegacia de Ensino da Secretaria Estadual de Educação do Estado de São Paulo, na EE Prof. José Heitor Carusi, de 1988 a 2000. Em 1992, também foi professora coordenadora do projeto Classes de Espanhol da Secretaria Municipal de Educação de São Paulo.

Josephine Sánchez Hernández

É bacharela e licenciada em português e espanhol pela Faculdade de Filosofia, Letras e Ciências Humanas (FFLCH) da Universidade de São Paulo (USP).

Foi professora do Centro de Estudos de Línguas (CEL) da 8ª Delegacia de Ensino da Secretaria Estadual de Educação do Estado de São Paulo, na EE Nossa Senhora da Penha, de 1988 a 2002.

Wagner de Souza Santos

É bacharel e licenciado em português e espanhol pela Universidade Paulista (Unip-SP) e bacharel em português e italiano pela Universidade do Estado do Rio de Janeiro (Uerj).

Especialista no ensino de espanhol para brasileiros pela Pontifícia Universidade Católica de São Paulo (PUC-SP), estudou interculturalidade na Universitat Pompeu Fabra (UPF) de Barcelona. Atua na rede particular de ensino, desde 2001, em escolas internacionais e é professor do Instituto Cervantes de São Paulo desde 2012.

editora scipione

editora scipione

Presidência: Mario Ghio Júnior

Direção executiva: Daniela Villela (Plataforma par)

Vice-presidência de Educação Digital: Camila Montero Vaz Cardoso

Direção editorial: Lidiane Vivaldini Olo

Gerência de conteúdo e design educacional: Renata Galdino

Gerência editorial: Julio Cesar Augustus de Paula Santos

Coordenação editorial: Luciana Nicoleti

Edição: Marina Caldeira Antunes e Patrícia Rocco S. Renda

Planejamento e controle de produção: Flávio Matuguma (ger.), Juliana Batista (coord.), Vívian Mendes (analista) e Suelen Ramos (analista)

Revisão: Letícia Pieroni (coord.), Aline Cristina Vieira, Anna Clara Razvickas, Brenda T. M. Morais, Carla Bertinato, Daniela Lima, Danielle Modesto, Diego Carbone, Kátia S. Lopes Godoi, Lilian M. Kumai, Malvina Tomáz, Marília H. Lima, Paula Rubia Baltazar, Paula Teixeira, Raquel A. Taveira, Ricardo Miyake, Shirley Figueiredo Ayres, Tayra Alfonso e Thaise Rodrigues

Arte: Fernanda Costa da Silva (ger.), Catherine Saori Ishihara (coord.) e Claudemir C. Barbosa (edição de arte)

Diagramação: Essencial Design

Iconografia e tratamento de imagem: Roberta Siqueira Ribeiro Bento (ger.), Claudia Bertolazzi (coord.), Evelyn Torrecilla (pesquisa iconográfica) e Fernanda Crevin (tratamento de imagens)

Licenciamento de conteúdos de terceiros: Roberta Siqueira Ribeiro Bento (ger.), Jenis Oh (coord.), Liliane Rodrigues, Raísa Maris Reina e Sueli Ferreira (analistas de licenciamento)

Ilustrações: Gilberto Valadares

Cartografia: Eric Fuzii (coord.) e Robson Rosendo da Rocha

Design: Erik Taketa (coord.) e Pablo Braz (miolo e capa)

Todos os direitos reservados por Somos Sistemas de Ensino S.A.
Avenida Paulista, 901, 6º andar – Bela Vista
São Paulo – SP – CEP 01310-200
http://www.somoseducacao.com.br

Dados Internacionais de Catalogação na Publicação (CIP)

```
Garcia, María de los Ángeles Jiménez
    Español sin fronteras : 6º ano / María de los Ángeles
Jiménez Garcia, Josephine Sánchez Hernández, Wagner de
Souza Santos. -- 6. ed. -- São Paulo : Scipione, 2021.

    ISBN 978-85-4740-399-7 (livro do aluno)
    ISBN 978-85-4740-400-0 (livro do professor)

    1. Lingua espanhola (Ensino fundamental) - Anos finais
I. Título II. Hernández, Josephine Sánchez III. Santos,
Wagner de Souza

                                        CDD 468.24
21-2186
```

Angélica Ilacqua – Bibliotecária – CRB-8/7057

2023
6ª edição
4ª impressão

Impressão e acabamento: A.R. Fernandez

Uma publicação  SOMOS EDUCAÇÃO

Presentación

Querido alumno

Aprender un nuevo idioma nos abre puertas que dan paso a saberes de otras culturas, construye puentes que nos llevan a otros pueblos y a otros paisajes, y, aún más, rompe las fronteras del conocimiento y nos permite resignificar nuestro papel en un mundo cada vez más complejo y desafiador. Aprender una nueva lengua no significa restringirse al valor del idioma en sí mismo, sino ampliar las posibilidades de establecer nuevas conexiones, que te permitirán enriquecer tu experiencia de vida y reconstruir tu identidad.

Desde su primera edición, la colección **Español sin fronteras** fue elaborada con el propósito de facilitar tu acceso a ese rico universo cada vez más amplio y diverso, además de contribuir para que interactúes de forma significativa con todos los que forman parte de ese mundo. Es una colección hecha para ti, que quieres aprender español de una forma agradable y divertida. Sin embargo, todos sabemos que el libro no basta y que será necesario sobre todo tu empeño. Al final, eres tú el principal agente de tu aprendizaje.

Si entiendes, lees, hablas y escribes en español, más que comunicarte con casi 500 millones de personas que también hablan español, podrás posicionarte de manera crítica ante distintas situaciones sociales, bien como aprender a convivir con la diferencia e intentar entender al otro sin prejuicios. Tendrás delante de ti un gran abanico de posibilidades que te llevarán a caminar sin fronteras.

¡Mucho éxito y un gran abrazo!

Los autores

Conoce tu libro

Unidad

Al inicio de cada unidad, vas a conversar con tus compañeros sobre un elemento cultural del mundo hispanohablante y conocer el tema de la unidad.

¿Cómo se dice?

En esta sección, vas a escuchar audios, leer textos, hacer actividades y conocer cómo se dicen determinadas cosas en español.

¿Entiendes lo que oyes?

Aquí tienes la oportunidad de ejercitar la comprensión de audios variados y hacer actividades sobre ellos.

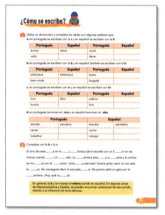

¿Cómo se escribe?

Ya en esta sección, vas a conocer características de la escritura en español y ejercitar esos contenidos.

¿Qué sonido tiene y cómo se escribe?

En esta sección, podrás relacionar la pronunciación de determinados sonidos en español con el modo como esos sonidos se transcriben en la escritura.

¿Vamos a leer?

Este es el momento de leer textos variados, explorar sus características y hacer actividades sobre lo que leíste.

¿Cómo funciona?

Es hora de organizar los conocimientos lingüísticos que adquiriste hasta este momento, reconocer estructuras gramaticales y utilizarlas en actividades prácticas.

¡Entérate!

En esta sección, vas a leer un texto periodístico actual y hablar con tus compañeros sobre temas contemporáneos relevantes.

¿Vamos a producir?

¿Qué tal poner en práctica lo que aprendiste? Aquí, vas a encontrar una propuesta de producción oral o escrita con todas las orientaciones necesarias para que te expreses en español.

Sigue explorando

Para finalizar la unidad, esta sección trae una propuesta de investigación sobre actualidades culturales de los países hispanohablantes y también sugerencias de materiales complementarios en el cuadro **Para explorar más**.

Repaso

Al final del libro, hay actividades de revisión del contenido de todas las unidades.

Sumario

¡MUCHO GUSTO!

◆ **¿Cómo se llama la persona de la fotografía? ¿Cuál es su nacionalidad?**

◆ **¿Conoces otros nombres hispánicos? ¿Cuáles?**

◆ **En tu opinión, ¿para qué sirven los nombres?**

Sabemos que existen algunas normas para la buena convivencia, como llamar a otros por su nombre, saludar, despedirse, esperar su turno para hablar, agradecer, ofrecer disculpas, pedir las cosas con "por favor", etc. ¿Vamos a conocer más de ese tema?

Ricardo Ceppi/Getty Images

Mercedes Sosa (1935-2009) fue una importante y premiada cantante argentina.

¿Cómo se dice?

1 Observa las imágenes, escucha el audio y relaciona cada imagen con el diálogo correspondiente.

01 ▶ A. Presentaciones

a. **Profesora** ¡Hola, buenos días a todos! Soy la profesora Mari. ¿Vamos a presentarnos?

b. **Alumna 1** Mi nombre es Cilene.

   Alumna 2 Mucho gusto. Soy Irene.

c. **Alumna** ¿Cómo te llamas?

   Alumno Me llamo Daniel. ¿Y tú?

02 ▶ B. Saludos

a. **Rafael** ¡Hola, Antonio! ¿Qué tal?

   Antonio Bien, ¿y tú?

   Rafael Voy tirando.

b. **Ana** ¡Hola! Buenas tardes a todos.

   Todos ¡Buenas tardes!

c. **Lucas** ¿Cómo estás, Elena?

   Elena ¡Muy bien, Lucas!

Ilustrações: Gilberto Valadares/Arquivo da editora

03 C. Despedidas

a. **Simone** ¡Hasta luego, Luis!

 Luis ¡Adiós!

b. **Felipe** ¡Hasta mañana!

 Todos ¡Hasta la vista, Felipe!

c. **Hijo** ¡Buenas noches, mamá!

 Madre ¡Buenas noches, que duermas bien!

 Hijo Gracias.

Ilustrações: Gilberto Valadares/Arquivo da editora

2 Señala **F** (falso) o **V** (verdadero) según los diálogos.

a. ◯ Mari es veterinaria.

b. ◯ Antonio está en la plaza.

c. ◯ Lucas se despide de Elena.

d. ◯ Rafael dice: "Voy tirando". Quiere decir que está mal.

e. ◯ El amigo de Elena está en el cine.

f. ◯ Felipe se despide de sus compañeros.

3 Transcribe dos preguntas de los diálogos.

_____

_____

_____

4 ¿Qué dicen los personajes según los diálogos?

a. Daniel ⬭⬭⬭⬭⬭⬭ ◯ Gracias.

b. Profesora ◯ ¿Cómo estás, Elena?

c. Antonio ◯ Mucho gusto.

d. Lucas ◯ ¡Hola, buenos días a todos!

e. Felipe ◯ Bien, ¿y tú?

f. Hijo ◯ Me llamo Daniel. ¿Y tú?

g. Irene ◯ ¡Hasta mañana!

5 Elige las expresiones adecuadas y completa el diálogo.

| soy | hasta luego | ¿qué tal? | encantada |
| mucho gusto | gracias | | |

Carolina Hola, _____.

Tomás Bien, _____. Este es mi amigo Diego.

Carolina _____.

Diego ¿Cómo te llamas?

Carolina _____ Carolina.

Diego _____. ¿Quieres jugar?

Carolina Ahora no puedo, tengo clase de natación. Adiós, chicos.

Diego y Tomás _____, Carolina.

Gilberto Valadares/Arquivo da editora

La **interrogación (¿?)** y la **exclamación (¡!)** se usan respectivamente para preguntar y para expresar emoción, como la sorpresa y la alegría. Se escriben al principio y al final de las frases: ¿Cómo te llamas?; ¡Ah!, ¡qué bonito!

6 Y tú, ¿cómo te llamas? ¿Te gusta tu nombre? ¿Cómo te gustaría llamarte? Habla con tus compañeros.

Los países y nacionalidades

1 ¿Cuántos países tienen el español como idioma oficial? Mira el mapa y descúbrelo.

_____

Países donde el español es idioma oficial

Banco de imagens/Arquivo da editora

2 Contesta a las preguntas.

a. ¿En qué continentes están los países que tienen el español como idioma oficial?

_____
_____

b. ¿Qué países hispanohablantes hacen frontera con Brasil?

_____
_____

c. ¿Conoces a alguien famoso de los países hispanohablantes? ¿A quiénes?

_____
_____
_____

El **español** es el idioma **oficial** de 21 países, en los que casi 489 millones de personas lo hablan como **lengua materna**. Es la **segunda** lengua materna del mundo por número de hablantes, tras el mandarín, y es el segundo idioma más utilizado en la **comunicación internacional**. Actualmente, más de 585 millones de personas hablan español en todo el mundo.

3 ¿Conoces a estos famosos hispanohablantes? Busca de dónde son y relaciona las fotografías con su nacionalidad.

a.

Rafael Nadal

Leonard Zhukovsky/Shutterstock

b.

Paola Carosella

Iara Morselli/Estadão Conteúdo

c.

Mario Vargas Llosa

Aydan Metev/Shutterstock

d.

Sofía Vergara

Tinseltown/Shutterstock

e.

Rigoberta Menchú

Horacio Villalobos/Corbis/Getty Images

f.

Jorge Drexler

Mindy Small/FilmMagic/Getty Images

○ peruano   ○ uruguayo   ○ guatemalteca

○ colombiana   ○ español   ○ argentina

Las nacionalidades pueden ser neutrales o tener variación para femenino y masculino. Mira algunos ejemplos en la tabla:

Las nacionalidades			
Latinoamérica		**Otros países**	
Chile	chileno – chilena	Estados Unidos	estadounidense
Cuba	cubano – cubana	Inglaterra	inglés – inglesa
Ecuador	ecuatoriano – ecuatoriana	Francia	francés – francesa
Honduras	hondureño – hondureña	Alemania	alemán – alemana
Nicaragua	nicaragüense	China	chino – china
Panamá	panameño – panameña	Marruecos	marroquí
Paraguay	paraguayo – paraguaya	Grecia	griego – griega
Venezuela	venezolano – venezolana	Portugal	portugués – portuguesa

4 Mira las banderas y escribe las nacionalidades en femenino o masculino.

a.

Ilustrações: Banco de imagens/ Arquivo da editora

b.

español – _____

_____ – mexicana

c.

d.

dominicano – _____

_____ – boliviana

e.

f.

panameño – _____

_____ – colombiana

¿Entiendes lo que oyes?

04 **1** Escucha el audio y escribe las frases en los huecos. Enseguida, señala la opción que completa correctamente los diálogos formados.

a. **Hombre** _____

   Mujer ◯ Encantada.   ◯ Bien, gracias.   ◯ Estupendamente.

b. **Hombre** _____

   Mujer ◯ Mucho gusto.   ◯ Voy tirando.   ◯ Es un placer.

c. **Chico** _____

Chica ◯ Regular.　　◯ Muchas gracias.　　◯ ¡Adiós!

d. **Madre** _____

Hija ◯ Mucho placer.　　◯ Mucho gusto.　　◯ Muchas gracias.

e. **Señor** _____

Joven ◯ Este es Felipe.　　◯ Me llamo Felipe.　　◯ Te presento a Felipe.

05 **2** Escucha el audio y completa el diálogo con las palabras que faltan.

Daniel M Ernst/Shutterstock

¡ _____ ! Mi nombre _____ Rodrigo. _____ alumno de español. Mi hermana y _____ somos brasileños, pero mis padres _____ uruguayos. Y tú, ¿de dónde _____?

Soy de Venezuela. _____ Claudia.

3 Haz un diálogo con tus compañeros. Utiliza alguna de las formas de presentación, saludo, despedida y cortesía de la tabla.

Presentaciones	
Te presento a... / Este es... / Esta es... / Estos son... / Estas son... ¿Cómo te llamas? / ¿Cómo se llama...?	Mucho gusto. / Mucho placer. / Encantado. / Encantada. / Es un placer. / El gusto es mío. Me llamo... / Soy... / Mi nombre es...
Saludos	
¡Buenas! / ¡Buenos días! / ¡Buenas tardes! / ¡Buenas noches! / ¡Hola!	
¿Qué tal? / Hola, ¿qué tal? / ¿Cómo estás? / ¿Cómo estamos? / ¿Cómo estáis? / ¿Cómo está usted?	Bien. / Mal. / Muy bien. / Regular. / Estupendamente. / Fatal. / Voy tirando.
Despedidas	**Cortesía**
¡Adiós! / ¡Hasta luego! / ¡Chao! / ¡Hasta pronto!	Gracias. / Muchas gracias. / Con permiso... / Por favor... / De nada. / Perdón.

¿Qué sonido tiene y cómo se escribe?

El alfabeto

06 **1** Escucha y repite.

a = la a	agua	**ñ** = la eñe	año
b = la be	barco	**o** = la o	oreja
c = la ce	casa	**p** = la pe	puente
d = la de	dedo	**q** = la cu	queso
e = la e	elefante	**r** = la ere / erre	ratón / tierra
f = la efe	flauta	**s** = la ese	sapo
g = la ge	gato / gente	**t** = la te	tiempo
h = la hache	hombre	**u** = la u	uva
i = la i	iglesia	**v** = la uve	violeta
j = la jota	jabón	**w** = la doble uve	Wagner
k = la ka	kilo	**x** = la equis	examen
l = la ele	lápiz	**y** = la ye	yeso / rey
m = la eme	madera	**z** = la zeta	zapato
n = la ene	nube		

> El alfabeto español tiene 27 letras: 22 consonantes y 5 vocales. Las letras del alfabeto son femeninas. Desde hace algunos años la **ch** y la **ll** se consideran dígrafos.

07 **2** Escucha la pronunciación de las palabras abajo y repite.

a. ca**ll**e, **ll**ave, ga**ll**ina;

b. mu**ch**o, **ch**umbo, mu**ch**a**ch**o.

08 **3** Escucha y escribe las consonantes.

a. ◯   **b.** ◯   **c.** ◯   **d.** ◯

e. ◯   **f.** ◯   **g.** ◯   **h.** ◯

09 **4** Escucha y repite las vocales en español.

La **a**	se pronuncia abierta en español: cama, naranja, antes, lata, España.
La **e**	se pronuncia cerrada en español: médico, café, leche, queso.
La **i**	se pronuncia en español igual que en portugués: lápiz, cine, televisión, libro.
La **o**	se pronuncia cerrada en español: hombre, poeta, reloj, historia, corazón.
La **u**	se pronuncia en español igual que en portugués: música, mundo, lucha, tú, cuadro.

5 Completa las palabras con las vocales que faltan.

a. | R | | S | T | | R | | N | T | |

b. | | I | | P | O | N | | S | |

c. | S | | C | R | | T | R | | |

d. | T | | L | | V | | S | | N |

e. | | S | C | | | L | A | |

f. | | S | T | | D | | N | T | |

g. | | L | | M | N | | |

6 Descubre las palabras deletreadas abajo y escríbelas.

a. la hache, la o, la te, la e, la ele _____

b. la i, la de, la i, la o, la eme, la a _____

c. la ge, la i, la ge, la a, la ene, la te, la e _____

d. la jota, la a, la ere, la de, la i, la ene _____

e. la ye, la a, la ce, la a, la ere, la e _____

7 Mira las palabras del recuadro y organízalas en orden alfabético:

más ✹	es ▲	las ☛	mundo ✂	del ✆	una ✈	ciudades ✉
Aires ✖	argentina ☆	capital ✎	Buenos ❄	populosas ✓	de ■	

1. _____   6. _____   10. _____

2. _____   7. _____   11. _____

3. _____   8. _____   12. _____

4. _____   9. _____   13. _____

5. _____

Ahora, utiliza los símbolos y descubre el enigma.

❄	✖	✎	☆	▲	✈	■

☛	✉	✹	✓	✆	✂

¿Vamos a leer?

1 ¿Conoces estos documentos? Señala los documentos que posees.

Certificado de nacimiento

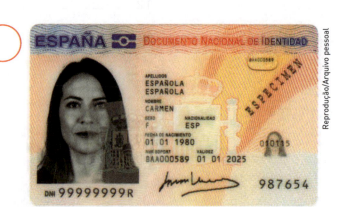

Documento de identidad

Pasaporte

2 ¿Qué puede suceder si no tenemos o perdemos los documentos de identificación? ¿Qué importancia tienen en nuestra vida? Habla con tus compañeros.

3 Lee el Documento Nacional de Identidad (DNI) de Laura Martínez.

Reprodução/Arquivo pessoal

Disponible en: https://www.argentina.gob.ar/noticias/wado-y-filmus-presentaron-el-nuevo-dni-que-incluye-una-actualizacion-del-mapa-bicontinental. Accedido el: 15 feb. 2021.

4 Ahora, marca la opción correcta.

a. ¿Por cuántos años es válido ese DNI?

○ 13 años.

○ 25 años.

○ 15 años.

b. ¿De dónde es Laura Martínez?

○ De Montevideo.

○ De Buenos Aires.

○ De Rosario.

c. ¿Qué día nació Laura?

○ El 11 de julio.

○ El 20 de noviembre.

○ El 20 de julio.

d. ¿Laura es donante?

○ Sí, de ropa.

○ No, no lo es.

○ Sí, de órganos.

5 En tu opinión, ¿por qué se pone la huella de la persona identificada en ese tipo de documento? Habla con tus compañeros.

6 Circula los datos que puedes encontrar en el DNI de Laura Martínez.

nombre	fecha de nacimiento	amigos
apodo	domicilio	donación de órganos
apellido	teléfono	nombre de la madre
gustos	nacionalidad	tipo sanguíneo

¿Sabes qué es un **apellido**? Es el nombre que sigue al nombre propio de una persona y que identifica a la familia: José Antonio **García Pérez**. Ya un **apodo** es una manera informal de referirse a alguien, que puede ser una abreviatura de su nombre, una palabra cariñosa, entre otras posibilidades: Me llamo José Antonio, pero me dicen **Pepe**.

7 ¿Sabes qué es el Mercosur? Lee el texto abajo sobre ese asunto. Enseguida, contesta a las preguntas.

Creado en 1991, el Mercado Común del Sur (Mercosur) es un grupo económico conformado por varios países suramericanos. Debido a un acuerdo, los ciudadanos de los siguientes países del Mercosur pueden viajar entre estos territorios presentando solamente un documento de identificación personal, sin la necesidad de pasaporte: Argentina, Brasil, Paraguay, Uruguay, Bolivia, Chile, Colombia, Ecuador y Perú.

Fuente de la información: www.mercosur.int/quienes-somos/en-pocas-palabras/.
Accedido el: 15 feb. 2021.

a. Mira el siguiente fragmento del DNI de Laura. ¿Por qué aparece la palabra Mercosur en ese documento?

REPUBLICA ARGENTINA - MERCOSUR
REGISTRO NACIONAL DE LAS PERSONAS
MINISTERIO DEL INTERIOR

_____
_____

b. ¿A qué países Laura Martínez puede viajar presentando solamente su DNI?

_____
_____

c. Si quieres viajar a España, ¿qué documento necesitas llevar?

○ El certificado de nacimiento.

○ El pasaporte.

○ El documento de identidad.

El **documento de identidad** es un texto informativo que reúne datos personales, como nombre, apellido, fecha de nacimiento y nacionalidad, que se utiliza para comprobar la fidelidad de la información. En ese tipo de documento también hay la huella, la firma y una fotografía de la persona identificada.

¿Cómo funciona?

Los pronombres personales y el verbo **ser**

1 Lee y escucha el texto.

Yo **soy** brasileña;

tú **eres** mexicana;

usted **es** argentina;

y **ella es** colombiana;

nosotras somos todas latinoamericanas.

Sin olvidar que:

él es uruguayo;

usted **es** paraguayo;

vosotros sois chilenos;

ellos son bolivianos;

y **ustedes son** peruanos.

En fin, **somos** todos latinoamericanos.

Banco de imagens/Arquivo da editora

2 Completa el recuadro con los pronombres personales y el verbo **ser**.

Persona	Singular		Plural	
1ª: que habla	yo			somos
2ª: con quien se habla (informal)		eres	vosotros / vosotras	
2ª: con quien se habla (formal)	usted			son
3ª: de quien se habla		es	ellos / ellas	

En algunas regiones de Hispanoamérica se usa **vos** y no **tú**:
Tú eres. / Vos sos.
En algunas regiones también se usa **ustedes** en lugar de **vosotros**:
Vosotros sois. / Ustedes son.

3 Completa las frases con los pronombres personales y relaciónalas con las imágenes.

a. ¿_____ es el profesor de Inglés?

b. ¿_____ sois hermanos?

c. ¡Mucho gusto, Ana! ¿_____ eres chilena?

d. _____ es mi primo.

e. _____ están muy guapos en esta foto.

f. _____, profesor. ¿Puedo responder?

fizkes/Shutterstock

Tirachard Kumtanom/Shutterstock

Monkey Business Images/Shutterstock

Monkey Business Images/Shutterstock

Trendsetter Images/Shutterstock

Stretch Photography/Getty Images

4 Completa el diálogo con el verbo **ser**.

En español es común omitir el pronombre antes del verbo.

José habla con Diego en la cancha de fútbol.

José ¿Tú _____ Juan?

Diego No. _____ Diego.

José Y Juan, ¿quién _____?

Gilberto Valadares/Arquivo da editora

Diego	Juan _____ mi primo.
José	¿Vosotros _____ brasileños?
Diego	No, _____ argentinos. Y usted, ¿quién _____?
José	Me llamo José y _____ el entrenador del equipo.
Diego	¡Ah, mucho gusto!

5 Contesta a las preguntas como en el ejemplo:

¿Eres estudiante?

Sí, soy estudiante. / No, no soy estudiante.

a. ¿Son ustedes profesores?

_____

_____

b. ¿Son (ellos) atletas?

_____

_____

c. ¿Es usted médico?

_____

_____

d. ¿Sois brasileños?

_____

_____

e. ¿Ella es boliviana?

_____

_____

6 Relaciona el uso del verbo **ser** con las frases.

a. Identifica a la persona.	◯	**Somos** brasileños.
b. Indica la profesión.	◯	Este **es** mi padre.
c. Describe personas y cosas.	◯	El libro **es** de Pedro.
d. Indica la nacionalidad.	◯	**Soy** baja y delgada.
e. Indica posesión.	◯	**Son** las cinco de la tarde.
f. Indica la hora.	◯	Mi tío **es** dentista.

¿Vamos a producir?

El perfil de *blog*

El *blog* personal es una página *web* en la que uno puede contar y compartir experiencias personales. Los contenidos pueden cambiar según los intereses del autor, pues están asociados a alguna afición o tema que le guste.

Una de las características de los *blogs* personales es la presentación del perfil del autor, incluyendo sus datos personales y algunas de sus características. Lee el perfil personal que Alejandra puso en su *blog*.

ALEJANDRA FUENTES HERNÁNDEZ

Me llamo Alejandra, pero me dicen Alita. Soy una estudiante brasileña y me encanta conocer nuevos lugares. Tengo once años y vivo en Barcelona con mis padres. Mi padre se llama Antonio y es de Madrid, España. Mi madre se llama Silvia, nació en Brasil, pero es hija de chilenos. Tengo dos hermanos: Jaime, que está en la universidad, y Antonio Carlos, que está en la secundaria.

Mis actividades ∧

febrero 2021   (1)

enero 2021   (4)

diciembre 2020   (6)

noviembre 2020   (3)

octubre 2020   (8)

Bienvenidos a mi blog

Hola, ¿qué tal? Te invito a conocer un poco de mi vida en esta hermosa ciudad. Todo sobre mi rutina, mis gustos y aficiones. Sin duda, lo mejor de Barcelona.

febrero 16, 2021

Parque Güell: mi lugar preferido en esta ciudad.

◼ Publicar un comentario

LEER MÁS

cocool/Shutterstock

Feel good studio/Shutterstock

Ahora, sigue las etapas y produce un perfil de *blog* personal.

Preparación

1. Completa el formulario y organiza tu información personal.

Apellidos	Nombre

Apodo	Edad

País de origen	Ciudad

Gustos y aficiones

2. Decide qué tipo de información vas a utilizar en la presentación de tu perfil.

3. Selecciona una fotografía para acompañar tu perfil.

Producción

1. Organiza la información con lo que es esencial para que los usuarios te conozcan bien.

2. Escribe el borrador de tu perfil personal.

Revisión

1. Revisa tu información y luego verifica si los verbos conjugados y las expresiones de presentación personal están correctas.

2. Verifica si tu presentación personal realmente tiene que ver contigo.

Versión final

1. Crea tu *blog* personal y prepara tu perfil definitivo:

- Inscríbete en un *blog* y crea tu página personal.
- Sube la foto de perfil y el texto que preparaste.

2. Comparte tu *blog* con tu profesor.

3. Presenta tu perfil oralmente a tus compañeros y escucha la presentación de los perfiles de ellos.

¡Entérate!

El derecho a la identidad

En todo el mundo, diversos organismos internacionales luchan para garantizar que todos los niños tengan un registro de nacimiento. Sin embargo, millones de niños todavía no lo tienen. ¿Sabes por qué es importante que los niños sean registrados al nacer? Lee el texto para enterarte de ese tema.

Lanzan proyecto "Brazos Abiertos" para registro temprano de los niños

Es una iniciativa de la Registraduría con el apoyo de Unicef y el gobierno noruego, que también beneficia a los hijos de venezolanos.

Feb. 22, 2021
Por: Sandra Guerrero

La Registraduría Nacional del Estado Civil, con el apoyo de Unicef y el gobierno de Noruega, lanza el programa "Brazos Abiertos", una iniciativa que promueve el registro civil de nacimiento temprano y el derecho que tienen los niños y niñas nacidos en el país a tener una nacionalidad.

[...]

Al obtener su registro civil de nacimiento, los niños y niñas acceden a los mecanismos que garantizan su protección contra la violencia, la atención en salud, el derecho a la educación y el acceso a la justicia. "Con el registro civil de nacimiento, procuramos proteger a los niños de la violencia y la explotación" agrega el Registrador Nacional.

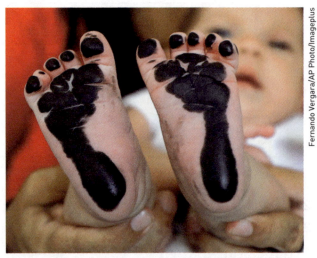

Fernando Vergara/AP Photo/Imageplus

Madre sostiene a su hija después de que se le tomaran las huellas para su certificado de nacimiento.

GUERRERO, Sandra. Lanzan proyecto "Brazos Abiertos" para registro temprano de los niños. *El Heraldo*, 22 feb. 2021. Disponible en: www.elheraldo.co/la-guajira/lanzan-proyecto-brazos-abiertos-para-registro-temprano-de-los-ninos-796739. Accedido el: 1er mar. 2021.

---

1 Según el texto, ¿por qué los niños necesitan tener un registro de nacimiento?

2 ¿Crees que en Brasil, así como en Colombia, es importante que los niños sean registrados? ¿Por qué?

3 ¿Qué problemas pueden tener los niños que no son registrados? Discute con tus compañeros.

Sigue explorando

El Grammy Latino 2020

Los Grammy Latinos son premios concedidos por la Academia Latina de Artes y Ciencias de la Grabación. En una noche de fiesta, artistas y productores celebran la riqueza y la diversidad musical de los países de Latinoamérica. Mediante votaciones, los Grammy Latinos reconocen la excelencia de las producciones musicales grabadas en español, portugués u otros idiomas hablados en países latinos. Conoce a dos cantantes que ganaron ese premio en el 2020:

Natalia Lafourcade

Rick Kern/WireImage/Getty Images

La cantante mexicana Natalia Lafourcade ganó el premio "Álbum del año" con el álbum *Un canto por México*, Vol. 1.

Emicida

Hamilton Zambiancki/Futura Press

El cantante brasileño Emicida ganó el premio "Mejor álbum de *rock* o música alternativa en lengua portuguesa" con el álbum *AmarElo*.

Ahora, investiga a los ganadores del Grammy Latino 2020 y elige el que más te llama la atención para presentarlo en clase:

- Busca información en Internet.
- Selecciona imágenes, audios y/o videos de ese cantante.
- Organiza tu investigación en una presentación para compartir con tus compañeros.

Para explorar más

- CENTRO Virtual Cervantes. Nivel A1 – actividades por tipo de interacción. Disponible en: https://cvc.cervantes.es/ensenanza/pasatiempos/por_tipo.php?0. Accedido el: 20 feb. 2021.
  En el sitio hay varias actividades y pasatiempos para practicar el español y entretenerse.

- PACHAMAMA. Dirección: Juan Antín. Producción: Blue Spirit Animation, Doghouse Films y Folivari. Francia, Luxemburgo y Canadá, 2018.
  Esa película animada cuenta la historia de dos niños de la Cordillera de los Andes, justo en el momento de la llegad de los españoles a tierras peruanas.

- SERIE Pichintún. CNTV Infantil. Disponible en: https://cntvinfantil.cl/series/pichintun/. Accedido el: 20 feb. 2021.
  La animación chilena rescata historias cotidianas de niños entre 9 y 10 años, los lugares que habitan, sus juegos, mascotas y tradiciones.

UNIDAD 2

UN DÍA DE CLASES

◆ **¿Dónde están y qué hacen los niños de la fotografía?**

◆ **¿Qué semejanzas y diferencias ves entre la escuela donde estudias y la ecoescuela de la fotografía?**

◆ **¿Qué características crees que tiene una escuela sustentable?**

En la escuela se aprenden cosas que nos ayudan a desarrollar el intelecto, la capacidad crítica y la creatividad. Pero ese es sobre todo un espacio de convivencia, donde se practica el respeto, la responsabilidad y la democracia. ¿Qué tal si aprendemos más sobre ese tema?

Clase en la primera ecoescuela de América Latina, en Uruguay.

Pablo Porciuncula/AFP

¿Cómo se dice?

1 Observa las imágenes y escucha los diálogos. Después, relaciona.

A. En el aula...

a. **Alumna A** Mira, aquí está tu goma.

   Alumna B ¡Ah! gracias.

b. **Alumno A** ¿Tienes un lápiz para prestarme?

   Alumno B Sí, toma.

c. **Alumna** No encuentro el bolígrafo rojo.

   Alumno Está en el pupitre.

Ilustrações: Gilberto Valadares/Arquivo da editora

B. En el recreo...

a. **Alumno A** ¡Qué guay! Hoy es viernes.

   Alumno B Sí, y mañana es sábado. No tenemos clase.

   Alumno C ¡Me encanta el fin de semana!

b. **Alumna A** ¿Ahora tenemos prueba de Historia?

   Alumna B No, ahora vamos a corregir los ejercicios de Matemáticas.

c. **Alumno** ¡Qué pena! Se acabó el recreo.

   Alumna ¿Qué clase tenemos ahora?

   Alumno Creo que de Geografía.

   Alumna ¡Qué bien! Me gusta esa clase.

C. A la salida...

a.

Alumna A ¡Qué difícil la prueba de Portugués!

Alumna B Pues a mí me pareció fácil.

Alumna A Tengo que estudiar más...

b.

Alumno A ¡Adiós! ¡Hasta mañana!

Alumno B ¡No, hoy es viernes! Hasta el lunes.

c.

Alumna ¿Para qué día es la actividad de Ciencias?

Alumno Para el día quince.

Alumna ¿Y qué día de la semana es?

Alumno Es un miércoles.

Ilustrações: Gilberto Valadares/Arquivo da editora

2 Señala y completa las frases con la palabra correcta según los diálogos.

a. ¡Qué guay! Hoy es _____.

◯ martes   ◯ lunes

◯ viernes   ◯ miércoles

b. La actividad de Ciencias es para el día _____.

◯ veinticinco   ◯ diez   ◯ quince

3 Aún de acuerdo con los diálogos, relaciona.

a. La prueba de Portugués.

b. Hoy es viernes.

c. Fin del recreo.

d. Tenemos clase de Geografía.

◯ ¡Qué guay!   ◯ ¡Qué bien!

◯ ¡Qué pena!   ◯ ¡Qué difícil!

4 La expresión "¡Qué guay!" demuestra:

○ entusiasmo.

○ preocupación.

○ tristeza.

5 ¿Qué expresión en portugués corresponde a "¡Qué guay!"?

_____

Los útiles escolares

1 Consulta las palabras del recuadro y escribe el nombre de los útiles escolares.

el cuaderno	la regla	el estuche	el bolígrafo	el libro	las tizas
la goma	la tijera	el pegamento	el rotulador	el lapicero	el sacapuntas

a.

nuttakit/Shutterstock

_____

b.

Picsfive/Shutterstock

_____

c.

de2marco/Shutterstock

_____

d.

David Franklin/Shutterstock

_____

e.

Alexandr Makarov/Shutterstock

_____

f.

Ingvar Bjork/Shutterstock

_____

g.

Gelpi/Shutterstock

_____

h.

Muhammad Kamran Akhlaq/
Shutterstock

_____

i.

Seregam/Shutterstock

_____

j.

SmileStudio/Shutterstock

_____

k.

DON QUIJOTE DE LA MANCHA

Reprodução/Editora Alfaguara Infantil

_____

l.

Arctic ice/Shutterstock

_____

2 Relaciona los útiles escolares con los consejos para su reutilización.

a. Cuadernos y libretas:

◯ se pueden sacar las hojas en blanco para crear un bloc de notas decorado a tu manera.

b. Bolígrafos y lápices de colores:

◯ podemos reutilizarlos fácilmente porque las láminas tienen menos desgaste que otros materiales.

c. Libros y cuadernillos:

◯ revisa si todavía tienes el conjunto completo, si los colores te sirven y si los materiales funcionan.

d. Mochilas y estuches:

◯ puedes donar a niños menores los que ya no vas a utilizar y cambiar por otros usados de estudiantes mayores.

e. Sacapuntas y tijeras:

◯ si no están en muy malas condiciones, vale la pena lavarlos y hacer los ajustes necesarios para reaprovecharlos.

Los colores

1 Descubre los colores y relaciona.

◯ rojo   ◯ verde

◯ azul   ◯ naranja

◯ blanco   ◯ morado

◯ amarillo   ◯ gris

◯ marrón   ◯ negro

Gilberto Valadares/Arquivo da editora

2 Ahora contesta a las preguntas.

a. ¿Qué materiales llevas en tu mochila?

_____

b. ¿Qué materiales estás reutilizando o puedes reutilizar el próximo año?

_____

c. ¿De qué colores son los objetos que llevas?

_____

d. ¿Qué color(es) no te gusta(n)?

_____

Los días de la semana y las asignaturas

Gilberto Valadares/Arquivo da editora

Los nombres de los días de la semana son masculinos. Excepto el domingo, los nombres vienen de cuerpos celestes: Luna, Marte, Mercurio, Júpiter, Venus y Saturno.

1 Contesta a las preguntas.

a. ¿Qué día está entre lunes y miércoles?

_____

b. ¿Qué día está entre domingo y martes?

_____

c. ¿Qué día está entre miércoles y viernes?

_____

d. ¿Qué día de la semana prefieres?

Prefiero _____

e. ¿Qué día(s) tienes clase de Español?

_____

2 Completa la agenda semanal de Mónica.

				Viernes	**Sábado**	**Domingo**
Estudiar Inglés	Estudiar Historia	Estudiar Geografía	Estudiar Español	Estudiar Matemáticas	Ir al fútbol	Ir a la playa
Ir de compras	Estudiar Español	Ir al dentista	Ir a la gimnasia	Llamar a Diana	Ir al cine	Ni idea… Mejor no hacer nada

Ilustrações: Gilberto Valadares/Arquivo da editora

¿Entiendes lo que oyes?

14 **1** Escucha el siguiente aviso que se da a un grupo de estudiantes. Debes oírlo dos veces. Después selecciona la respuesta correcta.

a. Los alumnos que van a hacer el examen:

○ deben llegar dos horas antes de empezar el examen.

○ deben poner todos los objetos personales debajo del asiento.

○ deben llevar lápiz, goma y bolígrafo.

b. El profesor dará a cada alumno:

○ un lápiz y una goma.

○ un lápiz, una goma y un bolígrafo.

○ un lápiz, una goma, un borrador y la prueba.

c. Los alumnos que tengan alguna duda:

○ deben levantar la mano para que les ayude el profesor.

○ deben parar la prueba.

○ deben esperar que el profesor les pregunte si tienen duda.

d. Los alumnos deben empezar la prueba:

○ cuando hayan recibido el material.

○ cuando estén sentados y en silencio absoluto.

○ cuando el profesor les autorice.

14 **2** Escucha una vez más la grabación y contesta oralmente a las preguntas.

a. ¿Cuál es el objetivo del aviso?

_____

_____

_____

b. ¿En qué situaciones se suele dar avisos como este?

_____

_____

_____

_____

¿Cómo se escribe?

1 Utiliza un diccionario y completa las tablas con algunas palabras que:

a. en portugués se escriben con la **v** y en español se escriben con la **b**.

Portugués	Español	Portugués	Español
árvore	árbol	varrer	
vulto		dever	

b. en portugués se escriben con la **b** y en español también se escriben con la **b**.

Portugués	Español	Portugués	Español
biblioteca	biblioteca	busto	
bem-vindo		burguês	

c. en portugués se escriben con **vr** y en español se escriben con **br**.

Portugués	Español	Portugués	Español
livro	libro	palavra	
livraria		livre	

d. en portugués terminan en **-ava** y en español terminan en **-aba**.

Portugués		Español	
estudar	estudava	estudiar	estudiaba
cantar		cantar	
trabalhar		trabajar	

2 Completa con la **b** o la **v**.

El otro día esta_____a en la _____i_____lioteca de la escuela con un li_____ro en las

manos cuando _____i un _____ulto. La _____entana esta_____a a_____ierta y la cortina

se mo_____ía con el _____iento. ¡Esta_____a aterrado! Quería gritar, pero no me salía

la _____oz. No conseguía decir ni una pala_____ra. De pronto saltó un gato por la

_____entana. ¡Huy, qué ra_____ia!

> En general, la **b** y la **v** tienen el **mismo** sonido en español. En algunas zonas de Hispanoamérica y España, se pueden encontrar variaciones de ese sonido, debido a la influencia de otros idiomas.

¿Vamos a leer?

1 Actualmente, ¿necesitas seguir algún procedimiento de seguridad en la escuela? Habla con tus compañeros.

2 Lee la infografía y marca la respuesta correcta.

Reprodução/CECOVA

Disponible en: www.enfermeria21.com/diario-dicen/cecova-realiza-una-infografia-sobre-covid-19-y-enfermeria-escolar/ Accedido el: 18 feb, 2021.

a. ¿Qué objetivo tiene la infografía?

    ◯ Presentar el número de casos de covid-19 en Valencia, Alicante y Castellón.

    ◯ Explicar cómo los profesores pueden contaminarse con el coronavirus.

    ◯ Orientar a la comunidad educativa sobre las medidas de prevención de covid-19.

b. ¿En qué momento se verifica la temperatura de los niños?

    ◯ Durante las clases.

    ◯ A la llegada al colegio.

    ◯ A la hora de salir al patio.

c. ¿Quién puede ayudar con las dudas sobre los procedimientos en el colegio?

    ◯ La directora del colegio.

    ◯ La enfermera escolar.

    ◯ Los padres de los alumnos.

3 Ahora contesta.

a. ¿Qué procedimientos de seguridad están representados por la imagen central de la infografía?

_____

_____

_____

b. ¿A partir de qué temperatura corporal se debe encaminar los niños a un Centro de Salud para diagnóstico y control?

_____

_____

c. En la infografía, ¿qué color representa las temperaturas corporales elevadas? ¿Por qué crees que eligieron a ese color?

_____

_____

_____

> Las **infografías** combinan textos verbales y recursos visuales, como ilustraciones y esquemas. Es decir, es una representación visual de la información con el objetivo de comunicar algo de forma clara y sencilla.

4 Vuelve a leer la infografía y completa las medidas de seguridad con las palabras que faltan.

a. La distancia entre los _____ debe ser de 1,5 a 2,0 metros.

b. Es importante mantener las _____ abiertas para facilitar la ventilación.

c. El uso de la mascarilla es obligatorio en las _____.

d. Las salidas al _____ deben ser en turnos.

5 Lee las palabras del recuadro y escribe el nombre de los objetos del aula.

| pizarra | mesa del maestro | ventanas | puerta | pupitre | estantería |

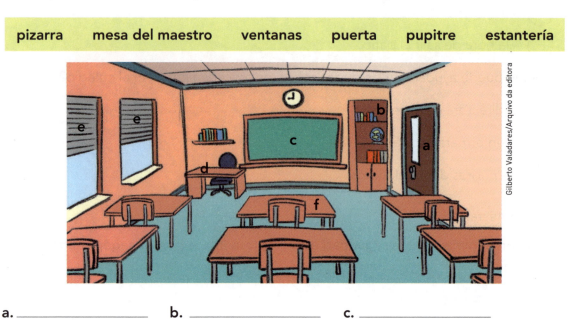

Gilberto Valadares/Arquivo da editora

a. _____   **b.** _____   **c.** _____

d. _____   **e.** _____   **f.** _____

6 Valencia, Alicante y Castellón son provincias que forman parte de la Comunidad Valenciana. Mira el mapa de España y encuentra esa comunidad.

España: capitales y sus comunidades autónomas

Banco de imagens/Arquivo da editora

¿Cómo funciona?

Artículos y contracciones

1 Lee la historieta y observa las palabras en destaque.

QUINO. *Toda Mafalda*. Buenos Aires: Ediciones de la Flor, 1993.

2 Completa la tabla con las palabras de la historieta.

Artículos determinados
Es notable cómo _____ decoradores […]
[…] han logrado darle _____ mismo estilo a toda _____ escuela.

Contracciones
[…] _____ Ministerio de Educación […]

En español, hay artículos determinados e indeterminados. Mira la tabla:

	Artículos determinados		Artículos indeterminados	
	singular	plural	singular	plural
femenino	la	las	una	unas
masculino	el	los	un	unos

La junción del artículo determinado **el** con las preposiciones **de** y **a** forma las dos únicas contracciones del español: **del** (de + el) y **al** (a + el).

3 Marca la opción correcta.

a. Siempre utilizo **las / los** tijeras en **los / las** trabajos manuales.

b. **El / La** clase de Español es la última **de la / del** día.

c. **El / Los** próximo martes tengo **una / un** examen de Español.

d. Necesito consultar en **un / una** diccionario **los / el** significado de algunas palabras.

e. Me siento **al / a el** lado de la mesa **de la / del** maestro.

> En español se utiliza el artículo masculino delante de palabras femeninas que empiezan por **a** o **ha** tónica: **el** agua y **el** hacha.

4 Lee el texto y complétalo con los artículos y las contracciones que faltan.

Todas _____ mañanas, suena _____ despertador a las seis en punto.

A veces, tengo ganas de tirarlo contra _____ pared. Pero, enseguida, mi madre abre

_____ puerta de _____ habitación y me dice: "¡Julio, buenos días! No te retrases

que _____ desayuno está en _____ mesa".

De _____ salto, salgo de _____ cama y me voy a duchar. _____ contacto

con _____ agua me cambia _____ humor. Después _____ baño y

_____ desayuno, me siento mejor. Pongo _____ monedas en el bolsillo y

_____ cuadernos en _____ mochila y, _____ salir, le digo adiós a mi mamá.

A camino _____ cole, siento _____ gran alegría porque voy a ver a _____ amigos.

5 Ahora, construye una frase utilizando:

a. un artículo determinado.

_____

_____

b. un artículo indeterminado.

_____

_____

c. una contracción.

_____

_____

Verbos estar y tener

1 Lee las frases y observa el uso de los verbos **estar** y **tener**.

	Presente de indicativo	
	Estar	**Tener**
(yo)	**Estoy** en la biblioteca.	No **tengo** calor ahora.
(tú)	¿**Estás** estudiando Español?	¿**Tienes** un bolígrafo para prestarme?
(usted)	¿Cómo **está** usted, abuelo?	**Tiene** que viajar mañana.
(él / ella)	**Está** en el parque.	**Tiene** dos hermanos.
(nosotros/as)	**Estamos** en primavera.	**Tenemos** muchas actividades en el cole.
(vosotros/as)	¿**Estáis** contentos con las vacaciones?	No **tenéis** clases el jueves.
(ustedes)	**Están** muy bien de salud.	**Tienen** la lista del material.
(ellos / ellas)	**Están** con los amigos.	**Tienen** ganas de ir a Perú.

2 Completa el texto con los verbos **estar** y **tener**.

Lunes, 2 de febrero.

La vuelta al cole.

Fin de las vacaciones y vuelta al cole. Mañana _____ clases.

Volver a la rutina, volver al cole. Calle arriba, calle abajo, con la mochila en los hombros, de casa al cole y del cole a casa. Ufff... Por suerte, la escuela no _____ lejos.

Para mí, la vuelta al cole _____ olor a nuevo: la ropa, los libros, los cuadernos, la mochila... Y, en el fondo, _____ contenta porque voy a reencontrar a los amigos y a los profesores y, claro, también porque voy a aprender cosas nuevas.

Como mis clases empiezan temprano, ahora _____ que dormir... hasta mañana...

Pensamiento del día: "_____ feliz".

3 Completa el diálogo con el verbo **estar**.

1 Buenas tardes, doña Carmen.
¿Cómo _____ usted?

2 ¡Hola! Bien. Y tú, ¿cómo

_____?

1 Estoy bien, gracias.
¿_____ Ana?

2 No, no _____,
pero viene pronto.

1 Es que, como _____
en época de exámenes,
quiero pedirle un libro.
(**nosotras**)

2 ¡Ah! _____
estudiando mucho, ¿no?
(**vosotras**)

1 Pasa y espera, que Ana
y su padre _____ a

punto de llegar.

2 Bueno... gracias.

Ilustrações: Gilberto Valadares/Arquivo da editora

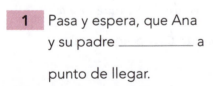

4 Completa el correo electrónico que un chico le mandó a una amiga virtual. Utiliza los verbos **ser**, **estar** y **tener**.

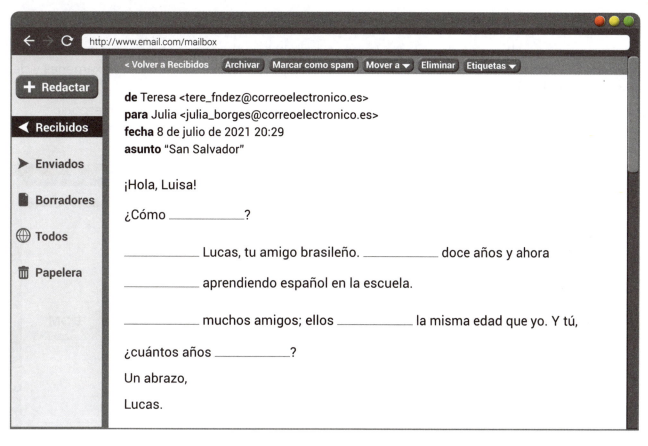

http://www.email.com/mailbox

< Volver a Recibidos | Archivar | Marcar como spam | Mover a ▼ | Eliminar | Etiquetas ▼

+ Redactar

◄ Recibidos

➤ Enviados

▌ Borradores

⊕ Todos

🗑 Papelera

de Teresa <tere_fndez@correoelectronico.es>
para Julia <julia_borges@correoelectronico.es>
fecha 8 de julio de 2021 20:29
asunto "San Salvador"

¡Hola, Luisa!

¿Cómo _____?

_____ Lucas, tu amigo brasileño. _____ doce años y ahora

_____ aprendiendo español en la escuela.

_____ muchos amigos; ellos _____ la misma edad que yo. Y tú,

¿cuántos años _____?

Un abrazo,

Lucas.

5 Relaciona las columnas y forma frases.

a. Pedro **tiene**...

b. Andrea **está**...

c. Marcelo **es**...

◯ doce años.

◯ estudioso.

◯ un gato blanco.

◯ de vacaciones.

◯ en la biblioteca.

◯ bien.

◯ los ojos verdes.

◯ marroquí.

◯ frío.

◯ muy fuerte.

◯ mi amigo.

◯ en casa.

◯ caminando en la calle.

◯ ingeniero.

¿Vamos a producir?

La agenda escolar

La agenda escolar es un documento impreso o digital en el que se puede organizar los horarios de las clases y registrar las actividades más importantes, como fechas de exámenes y de entrega de trabajos.

Generalmente las hojas están ordenadas por fechas y días de la semana, con un espacio para los apuntes personales. Los contenidos pueden cambiar según la rutina y las tareas de cada estudiante.

http://www.site.com/index

Calendario

Marzo de 2022

LUN	MAR	MIÉ	JUE	VIE	SÁB	DOM
Examen de Español	Clase de Geografía	Clase de Inglés	Clase de Español	Clase de Artes		
Clase de Portugués	Presentación de Ciencias	Trabajo de Portugués	Examen de Matemáticas	Clase de Portugués		
Clase de Historia	Clase de Portugués	Clase de Geografía	Examen de Historia	Clase de Matemáticas		
					Cumple de mi papá	
Ballet	Natación		Natación	Visitar a Laura		
		Clase de piano				

Ahora, sigue las etapas para organizar tus actividades de la semana en una agenda escolar.

Preparación

1. Antes de rellenar tu agenda semanal, organiza las actividades de tu semana según las categorías:

Clases	Trabajos y exámenes	Cursos y deportes	Tiempo libre

2. Decide qué actividades son prioridades en tu agenda.

Producción

1. Selecciona la información de tu organización semanal y prepara el borrador de tu agenda.

2. Organiza la agenda con las fechas, días de la semana y horarios de las actividades.

3. Escribe el borrador de tu agenda semanal.

Revisión

1. Revisa las actividades de tu agenda. Verifica la ortografía de las palabras que utilizaste, como los nombres de los días de la semana y las asignaturas.

2. Verifica si tu agenda está organizada de modo a facilitar la consulta a tus actividades semanales.

Versión final

1. Registra en definitivo las actividades en tu agenda semanal: abre tu agenda de papel o la de tu móvil y registra las actividades más importantes de tu semana. Fíjate en los días y horarios de cada actividad.

2. Compara tu agenda con la agenda de un compañero. Busquen un momento en que los dos estén libres y combinen de hacer juntos una actividad que les guste.

¡Entérate!

El acceso a la educación

La educación escolar permite que los alumnos adquieran habilidades y conocimientos importantes para la ampliación de su visión de vida y de mundo. El acceso a la educación es un derecho que promueve la igualdad de oportunidades no solo para los niños, sino también para todos los miembros de una comunidad. ¿Crees que todos los niños pueden ir a la escuela? Lee el texto para enterarte de ese tema.

Uno de cada cinco niños no tiene acceso a una educación equitativa y de calidad

La desigualdad de oportunidades, las barreras sociales y culturales para acudir a la escuela y el desarrollo de competencias globales constituyen los mayores retos educativos del futuro
27/01/2021 – 11:52
Texto por: Nacho Meneses

No era necesaria una pandemia para darse cuenta de que la emergencia educativa es una realidad. Incluso antes de la covid-19, unos 262 millones de niños y adolescentes de todo el mundo (uno de cada cinco) no podían ir a la escuela o recibir una educación completa, debido a factores como la pobreza, la discriminación, los conflictos armados, los desplazamientos, el cambio climático o la falta de infraestructuras y docentes, según datos de UNICEF. […]

La celebración del Día Internacional de la Educación, el pasado 24 de enero, pone de relieve las barreras que continúan existiendo a la hora de garantizar una educación equitativa y de calidad para todos, prioridades recogidas en la Agenda 2030 y los Objetivos de Desarrollo Sostenible (ODS) de Naciones Unidas. No se trata de un asunto baladí: sin la educación, no será posible romper los ciclos de pobreza, de desigualdad de género y de injusticia social presentes todavía en muchos países, y que además tienen una incidencia especial en las niñas y adolescentes.

[…]

Jorge Sanz/SOPA Images/LightRocket/Getty Images

MENESES, Nacho. Uno de cada cinco niños no tiene acceso a una educación equitativa y de calidad. *El País*, México, 21 jan. 2021. Disponible en: https://elpais.com/economia/2021/01/27/actualidad/1611752901_547665.html. Accedido el: 20 feb. 2021.

Los niños llegan al primer día de clase en el Colegio Público Víctor Pradera de Pamplona, Navarra.

---

1 Según el texto, ¿cómo era la educación en el mundo antes de la covid-19?

2 En tu opinión, ¿qué es una educación de calidad?

3 ¿Crees que es importante que todos los niños tengan acceso a una educación de calidad? ¿Por qué?

Sigue explorando

Las series y telenovelas

Las series y telenovelas en español siguen triunfando en todo el mundo, gracias al crecimiento de plataformas de contenidos audiovisuales. La televisión hispana empezó con cine, evolucionó a telenovelas y ahora tenemos series de todas partes del mundo hispanohablante. Cada vez más exitosas, muchas de esas historias hablan de una etapa importante: la vida escolar. Conoce dos series exitosas que han coleccionado premios y nominaciones internacionales.

Go! Vive a tu manera (Argentina, 2019)

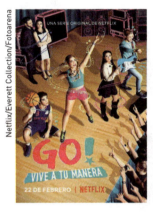

A Mía, una adolescente talentosa en la música, le toca una beca de estudios en un famoso colegio de élite conocido por sus competencias artísticas.

Soy Luna (Argentina, 2016-2018)

Irse a otro país le puede resultar difícil a la patinadora Luna, pero la joven está determinada a sacar lo mejor de cada situación.

Ahora, investiga otras series y telenovelas en español y elige la que más te gusta para presentarla en clase:

- Busca información en Internet.
- Selecciona imágenes, audios y/o videos de esa serie o telenovela.
- Organiza tu investigación en una presentación para compartir con tus compañeros.

Para explorar más

- ANINA. Dirección: Alfredo Soderguit. Producción: Rain Dogs Cine, Palermo Animación y Antorcha Films. Uruguay y Colombia, 2013.

  El largometraje cuenta la historia de Anina Yatay Salas, una niña de diez años matoneada por sus compañeros de escuela.

- MATTIANGELLI, Susana. *Historias secretas, verdaderas e inventadas de Mina HB*. España: Anaya, 2019.

  Mina HB tiene un cuaderno secreto en el que escribe todo lo que le apetece: lo que le pasa en el colegio, las historias que se inventa, sus cartas, los mensajitos que le pasa a su amiga Nora y las aventuras de su cómic favorito.

- PREMIOS TAL 2020. TAL – Televisión América Latina. Disponible en: https://www.redtal.tv/premios-tal. Accedido el: 20 feb. 2021.

  Sitio de los Premios TAL, galardón que se otorga como reconocimiento del trabajo de las emisoras de televisión latinoamericanas.

UNIDAD 3

ESTA ES MI FAMILIA

◆ ¿Dónde está ubicado el grafiti retratado en la fotografía? ¿Cómo describirías a esa obra?

◆ En tu opinión, ¿cuál es la relación existente entre las personas retratadas en la obra?

◆ ¿Tienes una relación semejante con alguien? ¿Con quién(es)?

Sabemos que hay varios tipos de familia. Las hay numerosas y pequeñas, convencionales y alternativas, pero lo más importante es el cariño y la solidaridad que unen a las personas que forman parte de cada una de ellas. ¿Qué tal conocer más sobre las familias y su composición?

Markpitti ages/Dreamstime/Imageplus

Grafiti del artista colombiano Óscar González, conocido como Guache, en una calle de Bogotá, Colombia (2019).

¿Cómo se dice?

15 **1** Observa la imagen y escucha el diálogo.

Tomás   Bruuu... ¡qué frío! No me gusta el invierno.

Alicia   A mí tampoco, prefiero el verano.

Tomás   ¿Esta foto es de tu familia?

Alicia   ¡Sí! Estamos reunidos por el cumpleaños del abuelo.

Tomás   ¡Qué grande es tu familia! Este de camisa azul, ¿quién es?

Alicia   Es mi padre, y a su lado está mi madre. Después está mi abuela. Cerca de mi abuela están mis tíos, y mis primos están con mi abuelo.

Tomás   ¡Ah! ¿Y estos dos que están a tu lado?

Alicia   Son mis hermanos, Augusto, de diecisiete años, y Elisa, que es la mayor y tiene veintiún años. Y... mi perro Bimbo. Y tu familia, ¿cómo es?

Tomás   Vivo con mi madre y mis abuelos.

Alicia   ¿Tienes hermanos?

Tomás   No, no tengo. Mi familia no es numerosa como la tuya.

2 Ahora, identifica oralmente los miembros de la familia de Alicia.

Gilberto Valadares/Arquivo da editora

3 Contesta a las preguntas según el texto.

a. ¿Cuántas personas hay en la familia de Alicia?

_____

b. ¿Por qué motivo la familia está reunida en la foto?

_____

c. ¿Quién es el hombre de camisa azul?

_____

d. ¿Cuántos hermanos tiene Alicia?

_____

e. ¿Cuántas personas hay en la familia de Tomás?

_____

f. ¿Qué relación tienen Tomás y Alicia?

⭕ Son hermanos.   ⭕ Son primos.   ⭕ Son amigos.

Los miembros de la familia

1 Mira las palabras y completa las listas.

a. Grado de parentesco

bisabuelo – _____
_____ – bisnieta
_____ – abuela
nieto – _____
padre – _____
_____ – hija
_____ – madrastra
hijastro – _____

hermano – _____
primo – _____
tío – _____
_____ – sobrina
_____ – mujer
yerno – _____
suegro – _____
cuñado – _____

b. Estado civil

_____ – soltera
_____ – viuda

casado – _____
divorciado – _____

2 Mira la familia de Julia y Francisco y completa las frases con palabras de las listas de la actividad anterior.

Gilberto Valadares/Arquivo da editora

a. La pareja tiene un _____ y una _____: Rodrigo y Marisa.

b. Rodrigo está _____ con Sandra y Marisa está _____ con Álvaro.

c. Marisa está _____ de su primer marido, Mauro, hace diez años.

d. Álvaro es el segundo _____ de Marisa y _____ de Carolina.

e. Carolina es _____ de Felipe y _____ de Sandra y Rodrigo.

f. Julia es _____ de Marisa y Rodrigo y _____ de Felipe y Carolina.

g. Rodrigo y Sandra son _____ de Álvaro.

h. Álvaro es _____ de Francisco y Julia y _____ de Felipe.

3 ¿Qué composiciones familiares conoces? Completa la descripción de algunos modelos de familia.

| padre | pareja | madre | hijos | adulto |

a. La familia sin _____ está formada por una pareja sin descendientes.

b. La familia biparental está compuesta por un _____, una _____ y los hijos.

c. La familia homoparental está formada por una _____ compuesta por dos hombres o dos mujeres y los hijos.

d. La familia monoparental está compuesta por un único _____ con hijos.

4 ¿Cómo es tu familia? Descríbela y luego compárala con la de tu compañero.

_____

_____

_____

Las estaciones y meses del año

1 Lee la definición y escribe el nombre de las estaciones del año.

a. _____: es la temporada en que nacen las flores en los jardines, termina el frío y comienza el calor. El día y la noche tienen la misma duración.

b. _____: es la temporada de mayor calor y de mucha lluvia. Es ideal para ir a la playa, pues los días son más largos que las noches.

c. _____: es la temporada en que las hojas caen de los árboles y el clima se hace más templado. Los días y las noches tienen la misma duración.

d. _____: es la temporada en que hace más frío y cuando más debemos cuidarnos de las enfermedades respiratorias. Las noches son más largas que los días.

2 ¿Que estación del año te gusta más? ¿Por qué?

_____

_____

3 Consulta un diccionario y completa los meses del año con las letras que faltan.

a. | E | | | | |

b. | | E | | | | | |

c. | | | | Z | |

d. | | | R | | |

e. | M | | | | |

f. | | | N | | |

g. | J | | | |

h. | | | | | | O |

i. | | | | T | | | | | |

j. | | | T | | | |

k. | | O | | | | | |

l. | | | C | | | | | |

¿Entiendes lo que oyes?

1 Escucha el cuento y marca la opción correcta.

El cuento habla de:

a. ◯ la relación de Arturo con sus padres y abuelos.

b. ◯ Arturo y de la llegada de su hermano menor.

c. ◯ la reacción de Arturo con la llegada de su hermanita.

2 Escucha una vez más el cuento y completa el texto:

El pequeño de la casa

Arturo era _____ más pequeño de _____ y estaba muy

_____ por toda la _____. Casi nunca le regañaban, ¡era "el

_____"!, y siempre le estaban haciendo regalos: juguetes, _____,

_____, golosinas…

Sin embargo, _____ cambió para Arturo cuando nació su _____

Adela. Cuando nació Adela, muchos familiares y amigos fueron a conocer _____ niña.

Todos estaban pendientes de _____ y parecía que se habían olvidado de Arturo.

Lo que más le molestaba a Arturo era que _____ no le traían _____
como antes. Todo se lo regalaban a la pequeña. La verdad es que a Arturo no le gustaba lo
que le llevaban a su hermana: colonia, talco, ropita, sonajeros…, pero ¿por qué a él no le
traían nada?

_____ tarde entró en la habitación de Adela _____ se inclinó _____

la cuna. Le dijo a su hermana que _____ era el pequeño y que _____ le había

quitado el puesto. Entonces, la pequeña le agarró un _____ con su manita y Arturo lo

entendió _____: ¡Era tan pequeña que _____ tenían que cuidarla!

Desde _____, él también cuidó a Adela.
¡Era la pequeña de la casa!

GARCÍA, Arturo R.; GARCÍA, Paloma. El pequeño de la casa. *Aplicaciones Didácticas*. Disponible en: https://aplicaciones.info/leccion/14-el-pequeno-de-la-casa/. Accedido el: 22 feb. 2021.

3 Si fueras Arturo, ¿cómo te sentirías con la llegada de una hermana? Contesta oralmente.

¿Qué sonido tiene y cómo se escribe?

El uso de la c

1 Escucha y repite:

cuatro
cuando
cualidad (o calidad)
cual
frecuente
cincuenta

cuota
ventrílocuo
cuarto
cuadro
cuestionario
cuarentena

2 Completa con **c** o **q**, según convenga:

a. Tengo _____uatro hermanos.

b. _____uiero decirte algo.

c. Es la _____uarta vez que vengo a Brasil.

d. Tengo _____atorce años.

e. ¡Cuidado, _____ue te _____uemas!

f. María va fre_____uentemente al cine.

g. Ella estudia _____uímica.

h. ¿_____uál es tu prima?

i. Ese libro de cuentos _____ue leí es muy bueno.

3 Lee el trabalenguas y repítelo lo más rápido que puedas.

Cuando cuentes cuentos
Cuenta cuántos cuentos cuentas
Porque si no cuentas cuántos cuentos
cuentas
Nunca sabrás cuántos cuentos cuentas.

Disponible en: www.mundoprimaria.com/
trabalenguas/trabalenguas-cortos.
Accedido el: 17 mar. 2021.

Gilberto Valadares/Arquivo da editora

¿Vamos a leer?

1 Piensa en una persona mayor especial para ti. ¿Qué características le atribuirías?

> cascarrabias   tierno(a)   sabio(a)   protector(a)

2 Lee el texto y descubre qué recuerdos tiene Lila de su abuelo Florián.

Los cuentos del abuelo Florián
(o Cuatro fábulas al revés)

Lila tiene un abuelo que vive en una casa pintada de amarillo. El abuelo se llama Florián y es bajito y pelado, aunque alrededor de la cabeza, de oreja a oreja, le crece una media corona de pelo blanco y finito, vaporoso como una nube, que le resalta aún más la calva redonda y lustrosa.

La casa pintada de amarillo del abuelo Florián tiene un patio de baldosas rojas, salpicado de macetas cargadas de helechos, geranios y jazmines. Un patio que en verano se oscurece bajo la sombra de una parra de uva chinche. Tal vez sea por eso que a Lila le gusta tanto el verano: por la frescura de la parra, por las uvas, por las hojas dibujadas en sombra sobre las baldosas del patio a la hora de la siesta, cuando el sol recalienta el aire y las chapas del techo de la casa amarilla del abuelo Florián.

Lila espera el verano para quedarse a dormir en la casa de su abuelo. Entonces los días son largos y alegres porque puede hacer las cosas que más le gustan, como regar las plantas con la manguera, baldear el patio descalza, oler los jazmines, comer uva chinche, bañarse en la pileta de lavar la ropa y escuchar los cuentos que le cuenta el abuelo. Porque el abuelo Florián sabe contar cuentos. Y también sabe hacer dulce de higos y remendar prolijamente su viejo mameluco azul. Lila cree que esos cuentos no están escritos en ningún libro; ella piensa que son historias que a su abuelo le salen de la cabeza, cosas que tiene guardadas desde que era un niño y vivía en un pueblo rodeado de cerros, con ríos rumorosos y sauces llorones que acarician las aguas con sus largas ramas.

[...]

Estuvieron los dos un rato callados, hasta que por fin el abuelo Florián pronunció las palabras que Lila estaba esperando:

Reprodução/https://www.youtube.com/watch?v=aRjeuo4_M_U

Norma Huidobro nació en Buenos Aires, Argentina, en 1949. Es escritora, profesora y filósofa. Ha recibido el premio ¡Leer es Vivir!, del Grupo Everest, de España, por *Los cuentos del abuelo Florián (o Cuatro fábulas al revés)*.

—Te voy a contar un cuento, una historia que conozco desde hace mucho, mucho tiempo. Se trata de un caballero joven y valiente, caminante de todos los caminos. Un caballero de verdad, con espada defensora de causas justas…

—¿Y cómo se llamaba ese caballero? —quiso saber Lila.

—Se llamaba, se llamaba… —trató de recordar el abuelo—, ¡se llamaba Florianís! Ni más ni menos: Florianís. Fue así como el abuelo Florián comenzó a contar las insólitas aventuras del simpático caballero. Y aquí van algunas, escritas más o menos como el abuelo las contó.

[…]

HUIDOBRO, Norma. *Los cuentos del abuelo Florián (o Cuatro fábulas al revés)*. Buenos Aires: Ediciones SM, 2015

3 Marca **V** (verdadero) o **F** (falso).

◯ El abuelo de Lila vive en una casa azul.

◯ Florián tiene una parra de uva chinche en el patio.

◯ Lila espera el verano porque puede dormir en la casa de su abuelo.

◯ El abuelo Florián no sabe contar cuentos ni preparar dulces.

4 Relaciona de acuerdo con el texto:

a. Características del abuelo   **b.** La casa del abuelo   **c.** La diversión de Lila

◯ tiene chapas en el techo.   ◯ es amarilla con baldosas rojas.

◯ es escuchar las historias del abuelo.   ◯ es regar las plantas.

◯ tiene el pelo blanco y finito.   ◯ es bajito y pelado.

5 Contesta a las preguntas:

a. ¿Cómo es el patio de la casa del abuelo Florián?

_____

_____

b. ¿Por qué se dice que en verano los días de Lila son largos y alegres?

_____

_____

_____

c. ¿Qué piensa Lila de las historias que le cuenta su abuelo? ¿Están escritas en algún libro?

_____

_____

_____

_____

6 Lee los fragmentos y marca el significado de los verbos destacados.

a. Un patio que en verano **se oscurece** bajo la sombra de una parra de uva chinche.

- ◯ queda más iluminado
- ◯ pierde o disminuye la luz
- ◯ recibe más luz del día

b. […] cuando el sol **recalienta** el aire y las chapas del techo de la casa amarilla del abuelo Florián.

- ◯ congela la casa
- ◯ enfría el día
- ◯ aumenta la temperatura

7 ¿Qué cuentos o fábulas te cuentan tus abuelos u otras personas? ¿Qué historias te gustan? Mira a los personajes y habla con tu compañero.

Gilberto Valadares/Arquivo da editora

Un **prólogo** es un texto breve que se encuentra al inicio de una obra literaria. Tiene como objetivo llamar la atención del lector para la historia y presentar una introducción de su contenido.

¿Cómo funciona?

Aquí, ahí, allí

 **1** Lee y escucha las frases:

a.

Ven, los libros están **aquí**.

b.

Pero **ahí** hay solo una silla
y necesitamos dos.

Ilustrações: Gilberto Valadares/Arquivo da editora

en este lugar (cerca)	aquí / acá
en ese lugar (menos cerca)	ahí
en aquel lugar (lejos)	allí / allá

c.

Allí hay otra. Voy a cogerla para ti.

2 Completa el diálogo con **aquí / acá, ahí, allí / allá**:

Roberto ¿Es _____ dónde vive Lucía?

Jorge No, Lucía vive _____, en la casa de enfrente.

Roberto Gracias.

Roberto Por favor, ¿puedo hablar con Lucía?

Ana Lo siento, pero Lucía no está _____. Está en la casa de su tío en Rio de Janeiro.

Roberto ¿En Rio de Janeiro?

Ana Sí, ahora está _____ de vacaciones. Vuelve al final de este mes.

Roberto ¡Qué bien! Entonces paso por _____ otro día.

Los demostrativos

Lee el diálogo y observa las palabras destacadas:

2 Observa el cuadro y enseguida completa las frases con los demostrativos.

Masculino		Femenino		Neutro
Singular	Plural	Singular	Plural	
este	estos	esta	estas	esto (cerca)
ese	esos	esa	esas	eso (menos cerca)
aquel	aquellos	aquella	aquellas	aquello (lejos)

a. masculino singular: _____ es mi hermano, Antonio.   (cerca)

                                     _____ colegio es muy bueno.   (menos cerca)

                            ¿De quién es _____ dibujo?   (lejos)

b. femenino singular: _____ es la profesora de Geografía. (menos cerca)

                                       _____ nube parece de algodón.   (lejos)

                            ¿_____ silla está ocupada?   (cerca)

c. masculino plural: ¿_____ niños son tus primos?   (menos cerca)

                                _____ libros están en la biblioteca. (lejos)

                              _____ días son de lluvia.   (cerca)

d. femenino plural: No me digas _____ tonterías.   (menos cerca)

                                ¿Conoces a _____ niñas?   (lejos)

                            ¡_____ notas no son buenas!   (cerca)

e. neutro: ¿Quién dice _____?   (menos cerca)

                    Sobre _____ no sé nada.   (lejos)

                    ¿_____ es verdad?   (cerca)

Los demostrativos neutros **esto**, **eso** y **aquello** no se aplican a personas ni a animales.

3 Completa con **aquí / acá**, **ahí**, **allí / allá** o con los **demostrativos**:

a. _____ hay una biblioteca. Esta biblioteca abre a las ocho de la mañana.

b. Yo estudio _____. Esa escuela es muy buena.

c. Ella va siempre a _____ playa porque su prima vive allí.

d. _____ estuche es muy grande. Aquí cabe todo.

e. Los niños van siempre a aquel parque. _____ hay mucho espacio para jugar.

Los posesivos

1 Observa las palabras en destaque en el texto y enseguida completa el recuadro.

Teresa y Ana encuentran a **su** amigo Jorge en una cafetería.

Teresa ¡Cuánta gente!

Ana Es verdad, por eso el camarero está tardando tanto. Mira, ahí viene con **nuestro** pedido.

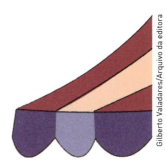

Camarero ¿Este pedido es **vuestro**?

Teresa Sí, es el **nuestro**. Gracias.

Ana Mira, ahí viene Jorge.

Jorge ¡Hola, chicas!

Ana ¡Hola, Jorge!

Teresa ¿Qué tal?

Jorge Estoy en aquella mesa con **mi** amigo Juan y **su** prima Isabel.

Ana ¡Anda!, pero si es una amiga **mía** de la escuela. ¡Qué casualidad!

Teresa ¿Por qué no venís a **nuestra** mesa? Os invitamos a todos.

Jorge ¡Estupendo! Voy a hablar con ellos y ahora vuelvo.

Teresa ¡Vale!

Fíjate en el uso del posesivo:

_____ de sustantivo: mi amigo, nuestro pedido;

_____ de sustantivo o solo: amiga mía, es el nuestro.

Gilberto Valadares/Arquivo da editora

2 Ahora, completa el cuadro con los posesivos.

Antes de sustantivo		Después de sustantivo o solo			
		Singular		Plural	
Singular	Plural	masculino	femenino	masculino	femenino
	mis	mío			mías
tu			tuya	tuyos	
	sus	suyo			suyas
nuestro(a)		nuestro		nuestros	
	vuestros(as)		vuestra		vuestras
su		suyo		suyos	

3 Señala la respuesta correcta y completa las frases.

a. ¿Estas flores son _____?

◯ mis

◯ sus

◯ tuyas

◯ nuestros

b. _____ bolígrafo está sin tinta. ¿Me prestas el _____?

◯ mi / mío

◯ suyo / suyo

◯ mío / tuyo

◯ mi / tuyo

c. Hijos, tenéis que ordenar _____ habitación.

◯ vuestra

◯ suya

◯ tuya

◯ mía

d. Ella vive con _____ abuelos.

◯ míos   ◯ tuyos

◯ sus   ◯ suyos

e. Voy a comprarle un ordenador a Juan, porque el _____ es muy antiguo.

◯ suyo   ◯ su

◯ tuyo   ◯ tu

f. La comida de _____ madre es mejor que la _____.

◯ mi / mi   ◯ mi / mía

◯ tuya / mi   ◯ suya / suya

4 Descubre en la sopa de letras seis posesivos y pásalos al diálogo.

A	S	L	V	O	B	D	U	D
H	C	O	N	S	E	N	M	G
A	E	S	T	U	D	I	O	H
C	N	U	E	S	T	R	O	J
V	T	A	L	B	U	S	A	I
S	R	E	M	I	S	I	R	P
R	O	V	I	G	L	A	S	Q
R	F	D	O	E	I	T	X	Z

Rita   Buenos días, señor Gómez. ¿Cómo está _____ mujer? ¿Y _____ hijos?

Sr. Gómez   Pues _____ mujer está bien así como _____ hijos. Están de viaje.

Rita   ¡Sí! ¿Y dónde están?

Sr. Gómez   Están en la casa de _____ suegra, veraneando, y yo aquí cuidando de

_____ perro y trabajando. ¿Y _____ padres, Rita, cómo están?

Rita   Están bien, gracias.

¿Vamos a producir?

El árbol genealógico

El árbol genealógico es una representación visual de las relaciones entre los miembros de una familia. Es un género que mezcla imágenes o fotografías y textos que identifican cada relación.

La disposición de los familiares sigue un orden cronológico, es decir, a partir del año de nacimiento del familiar más antiguo hasta el más joven. La representación del árbol genealógico permite conocer el origen de la familia.

Mira el árbol genealógico de Lucía Rodríguez García.

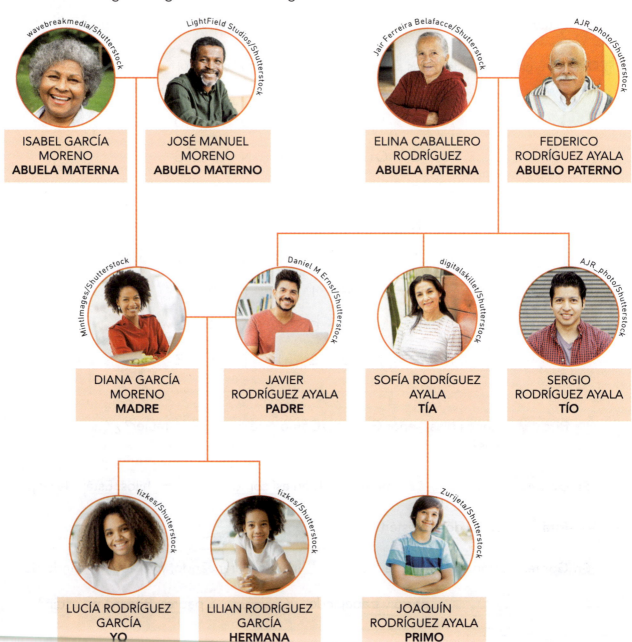

Ahora, sigue las orientaciones para crear el árbol genealógico de tu familia.

Preparación

1. Enumera a los miembros de tu familia en las tablas.

FAMILIA ◯ MATERNA ◯ PATERNA	
Relación familiar	**Nombre y apellidos**

FAMILIA ◯ MATERNA ◯ PATERNA	
Relación familiar	**Nombre y apellidos**

2. Decide qué miembros van a formar parte de tu árbol genealógico.

3. Selecciona una fotografía para cada miembro de tu familia.

Producción

1. Prepara el esquema visual de tu árbol genealógico, siguiendo el orden cronológico.

2. Escribe el borrador de tu árbol genealógico con la información de tus familiares, todavía sin las fotografías.

Revisión

1. Revisa la estructura de tu árbol genealógico y verifica la disposición de tus familiares.

2. Con la ayuda del profesor, haz adecuaciones estructurales y lingüísticas.

Versión final

1. Crea la representación definitiva de tu familia. Fíjate en la identificación de tus familiares y no te olvides de las fotografías.

2. Presenta tu árbol genealógico a tus compañeros.

¡Entérate!

La adopción y los niños a la espera

El número de niños a la espera de la adopción en todo el mundo ha crecido bastante en los últimos años. La Convención Internacional de Derechos del Niño, organizada por las Naciones Unidas, establece que todos los niños tienen el derecho de crecer en un ambiente de afecto y seguridad. A la sociedad le toca acoger y cuidar especialmente a los niños que no tienen familia. ¿Crees que la adopción es importante? ¿Y qué puede pasar cuando hay varios hermanos esperando juntos por la adopción? Lee el texto para enterarte de ese tema.

"Queremos una familia y seguir juntos", el pedido de seis hermanitos en adopción

10/02/2021 - 10:55

Texto por: La Nación

Tienen entre 11 y 4 años y pasaron gran parte de sus vidas en un hogar; días atrás, se lanzó una convocatoria pública abierta a toda la comunidad para restituirles el derecho fundamental a vivir en familia.

Hace cuatro años que **León (11), Lucas (9), Bianca (8), Ramiro (7), Santino (5) y Mili (4)** viven en un hogar para chicas y chicos privados de cuidados parentales. La larga espera de los seis hermanitos podría resumirse en una frase: **"Queremos una familia y seguir juntos"**. Durante todo el tiempo que pasaron institucionalizados (en el caso de Mili, prácticamente toda su vida), vieron como otras niñas y niños se iban del hogar de la mano de sus familias adoptivas o de regreso con las biológicas, y **"¿cuándo nos toca a nosotros?"** se convirtió en la pregunta repetida.

Para restituirles ese derecho fundamental, el Juzgado Nacional en los Civil N° 12 de la ciudad de Buenos Aires lanzó una convocatoria a familias residentes en todo el país que cuenten con el deseo y posibilidad de asumir la crianza con fines adoptivos de la totalidad del grupo de hermanos. [...]

ADOPCIÓN: seis hermanitos buscan una familia y seguir juntos. *La Nación*, 10 feb. 2021. Disponible en: www.lanacion.com.ar/comunidad/queremos-una-familia-y-seguir-juntos-el-pedido-de-seis-hermanitos-en-adopcion-nid10022021/. Accedido el: 18 feb. 2021.

1. Según el texto, ¿qué desean los seis hermanos León, Lucas, Bianca, Ramiro, Santino y Mili?

2. ¿Por qué crees que los hermanos tienen ese deseo?

3. En tu opinión, ¿cuál es el papel de la familia en la crianza de los niños?

Gilberto Valadares/Arquivo da editora

Sigue explorando

La familia de los famosos

Las referencias de familia siguen cambiando en muchas zonas del mundo. Cada día, esos nuevos modelos se suman a lo que se le conoce como familia tradicional. El mundo hispanohablante es una muestra de esa diversidad. Cantantes, futbolistas, actores, entre otros famosos, recomponen sus vidas con nuevas parejas, deciden tener hijos de forma independiente o ven en la adopción una alternativa para construir su propia familia. Conoce la familia de dos artistas hispanohablantes.

Ricky Martín y Jwan Yosef

Kevin Wolf/The Human Rights Campaign/ AP Photo/Imageplus

El cantante puertorriqueño Ricky Martín es casado con Jwan Yosef. La pareja tiene cuatro hijos: Mateo, Valentino, Lucía y Renn.

Las hermanas Cruz

Belen Diaz/DYDPPA/Shutterstock

La actriz española Penélope Cruz es hermana de Mónica Cruz. Las dos impresionan por su semejanza física.

Ahora, investiga la familia de otros famosos hispanohablantes y elige la que más te gusta para presentarla en clase:

- Busca información en Internet.
- Selecciona imágenes, audios y/o videos de esa familia.
- Organiza tu investigación en una presentación para compartir con tus compañeros.

Para explorar más

- COCO. Dirección: Andrián Molina y Lee Unkrich. Producción: Pixar Animation Studios y The Walt Disney Studios Motion Pictures. Estados Unidos, 2017.

  Miguel sueña con ser músico y no va a desistir.

- LOZANO, Pilar. *Colombia, mi abuelo y yo*. Bogotá: Panamericana Editorial, 2020.

  El abuelo Papá narra fantásticas historias de la cultura de Colombia.

- THE MUSEUM of Urban Art. Obras de Entes y Pésimo. Disponible en: www.tmoua.org/ entes-and-pesimo/p9gjje5vszlqkaeot97cppla6s84ef. Accedido el: 21 mar. 2021.

  Museo virtual de arte urbano con exposición de obras de artistas callejeros, como Entes y Pésimo, Inti, Jaz.

UNIDAD 4

MUEVE TU CUERPO

◆ **¿Qué actividad realizan los niños de la fotografía? ¿Cuál sentido del cuerpo no se puede utilizar en esa actividad?**

◆ **¿Conoces otros juegos que estimulen el movimiento del cuerpo y los sentidos? ¿Cuáles?**

◆ **En tu opinión, ¿qué beneficios los juegos pueden aportar a la salud?**

Así como otras actividades físicas, los juegos que mueven el cuerpo y agudizan los sentidos traen muchos beneficios a la salud. ¿Qué tal conocer más sobre el cuerpo humano y sus posibilidades de movimiento y percepción?

Niños jugando con la piñata.

Jupiter Images/The Image Bank/Getty Images

¿Cómo se dice?

1 Observa las imágenes y escucha la grabación de parte de una clase de Gimnasia.

El profesor Rafael, un joven alto y delgado, llega puntualmente al cole para sus clases de Gimnasia. A los alumnos les encanta esa asignatura, porque además de cuidar su cuerpo, se divierten mucho.

¡Atención, clase! Brazos abiertos.

Con la cabeza recta y manos en la cintura, saltar sobre uno y otro pie. ¡Muy bien!

Otro ejercicio. Abriendo y cerrando las piernas rápidamente.

Bien, bien... Parados, piernas abiertas. Vamos a levantar los brazos hacia arriba y doblar el tronco hasta tocar el suelo con las manos, pero sin doblar las rodillas.

¡Atención, atención! A formar dos grupos. Ahora, vamos a jugar al balón.

Ahora a relajarse... Con los brazos estirados hacia abajo, inspirar el aire subiendo los hombros y espirar bajándolos.

Ilustrações: Gilberto Valadares/Arquivo da editora

2 Vuelve a leer la historieta y señala las palabras que se refieren al cuerpo humano.

3 Relaciona las imágenes con las descripciones correspondientes.

a.

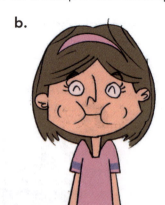

b.

c.

d.

e.

Ilustrações: Gilberto Valadares/Arquivo da editora

◯ Inspirar el aire subiendo los hombros y espirar bajándolos.

◯ Saltar abriendo y cerrando las piernas rápidamente.

◯ Doblar el tronco hasta tocar el suelo con las manos, pero sin doblar las rodillas.

◯ Levantar los brazos.

◯ Con la cabeza recta y manos en la cintura, saltar sobre uno y otro pie.

4 Ahora contesta de acuerdo a sus gustos y experiencias personales.

a. ¿Cuál(es) de los ejercicios practicas en tus clases de Gimnasia?

_____

b. ¿Cuál de los ejercicios te parece más fácil? Descríbelo con tus palabras.

_____

c. ¿Cuál te parece más difícil? Descríbelo con tus palabras.

_____

Las partes del cuerpo

1 Escribe correctamente los nombres de algunas de las partes del cuerpo, teniendo en cuenta que está formado por cabeza, troncos y miembros.

ATurner/Shutterstock

a. La cabeza

el pelo	la boca	la nariz	el mentón / la barbilla
los ojos	las orejas	el cuello	la frente
las cejas			

b. El tronco

| los hombros | la espalda | el vientre / la barriga |
| el pecho | la cintura | |

c. Los miembros

los brazos	la espinilla	los dedos
las manos	los pies	los muslos
las piernas	el codo	la rodilla

> Fíjate en cómo se llaman los cinco dedos de la mano: el pulgar (o gordo), el índice (o mostrador), el medio (o del corazón), el anular y el auricular (o meñique).

2 Lee el cuadro y asocia las expresiones idiomáticas con sus significados.

a. Calentar la cabeza.

b. Andar con ojos.

c. Morderse los codos de hambre.

d. Quemarse las cejas.

e. No tener pelos en la lengua.

f. Dormir a pierna suelta.

g. Poner la mano en el fuego.

h. Quedarse con un palmo de narices.

i. No dar pie con bola.

◯ Estudiar mucho.

◯ No tener suerte.

◯ Quedarse sorprendido o decepcionado.

◯ Hablar todo lo que piensa.

◯ Tener mucha hambre.

◯ Estar muy atento o desconfiado.

◯ Dormir mucho.

◯ Cansar a una persona por hablarle mucho.

◯ Tener confianza en algo o alguien.

3 Completa las frases con las expresiones idiomáticas de la actividad anterior.

a. Esa joven no tiene _____, dice todo lo que piensa.

b. Me muerdo _____. ¿Cuándo vamos a comer?

c. Hoy me he ejercitado mucho y estoy molido. Por la noche quiero _____

_____.

d. Marcelo siempre dice la verdad. Por él, pongo la _____.

e. Hoy nada me sale bien. No doy _____.

f. Me quemo _____ para aprobar en los exámenes. Soy una estudiante muy dedicada.

4 Hay una expresión muy popular que dice "Al mal tiempo buena cara". Eso quiere decir que:

◯ no debemos preocuparnos por el tiempo.

◯ debemos encarar la vida con optimismo.

◯ debemos siempre tener mala cara con el tiempo feo.

Los juegos tradicionales

1 Relaciona los juegos del recuadro con las imágenes.

la cometa	el escondite	saltar a la comba	las canicas
el tobogán	la rayuela	el columpio	el sube y baja

a.

_____

b.

_____

c.

_____

d.

_____

e.

_____

f.

_____

g.

_____

h.

_____

2 Cuéntale a tu compañero a qué actividades tradicionales te gusta jugar.

—A mí me gusta jugar a las canicas. ¿Y a ti?

—Pues a mí me gusta saltar a la comba.

¿Entiendes lo que oyes?

1 Escucha el fragmento de un programa de radio y haz un círculo en los temas de los que se habla.

apariencia física	comidas típicas	danza	deportes
clima	tecnología	colegio	música	profesiones
mascotas	tiempo atmosférico	autoestima	turismo

2 Escucha una vez más el fragmento del programa de radio y marca la opción correcta.

a. Según el locutor, ¿qué etapa de la vida la canción le hace recordar?

○ La infancia.

○ La fase adulta.

○ La adolescencia.

○ La vejez.

b. ¿Cuál es el horario del programa?

○ 11:30.　　　○ 09:25.

○ 10:20.　　　○ 07:30.

c. ¿Cómo el locutor describe la adolescencia?

○ Como una fase muy tranquila.

○ Como un momento de mucha seguridad.

○ Como un período muy complicado.

○ Como una etapa con muchas emociones.

d. ¿Qué significa la expresión "defender tu individualidad"?

○ No saber quién eres.

○ Compararte con los demás.

○ Valorar quién eres.

○ Oír la opinión de los demás.

e. ¿Qué características físicas enumera el locutor?

◯ Bajo, alto, gordo, delgado, pelo corto, pelo largo, ondulado o rizado.

◯ Estatura alta, gordo y fuerte, rubio de piel clara, ojos verdes.

◯ Estatura mediana, delgado y débil, moreno de piel clara, ojos negros.

◯ Estatura pequeña, gordo y fuerte, moreno de piel clara, ojos castaños.

f. ¿Qué beneficios nos aporta el baile, según el comentario del locutor?

◯ Favorece solamente el bienestar físico.

◯ Mejora el bienestar físico y emocional.

◯ Ayuda a identificar cómo te ven.

◯ Colabora con tu capacidad intelectual.

3 Describe oralmente a una persona famosa utilizando las palabras a continuación. Tu compañero debe adivinar quién es el personaje que has elegido.

Algunas características	
del cuerpo	alto / bajo gordo / delgado (o flaco) fuerte / débil
del pelo	liso / ondulado / rizado corto / largo / media melena / calvo (o pelado) negro / castaño / pelirrojo / rubio / canoso / blanco (o plateado)
de la cara	redonda / alargada
de los labios	gruesos / finos
de la nariz	chata / larga / respingona / aguileña / puntiaguda
de los ojos	redondos / almendrados / achinados / ovalados negros / castaños / azules / verdes / grises

¿Qué sonido tiene y cómo se escribe?

El uso de la **d**

1 Lee el globo y fíjate en la pronunciación de la letra **d**.

¡Qué bien! En el campo tengo tranquilidad.

matthew25/Shutterstock

La **d** al final de las palabras se pronuncia suavemente.

 2 ¿Vamos a cantar?

A Vicky, una mascota especial

El cariño que tengo por ti,
te lo digo con sinceridad.
Desde que te conocí,
no siento más soledad.

Todavía eres pequeña,
pero ya lo sabes demostrar
que lo que sientes por mí
es una gran amistad.

Me enseñaste una virtud,
que no olvidaré jamás.
Cuando me enfado contigo,
siempre me das otra oportunidad.

A tu lado aprendí
qué es generosidad.
Gracias, mascota amiga,
por estos años de lealtad.

Dora Zett/Shutterstock

Algunas palabras que en portugués terminan en **de** en español terminan en **d**.
Mira un ejemplo: *Tenho a oportunidade de viajar.* / Tengo la oportunida**d** de viajar.

Canción elaborada especialmente para esta obra.

3 Completa las frases de abajo con las palabras del recuadro.

> libertad   ciudad   voluntad   amistad   bondad   oportunidad
> edad   tranquilidad   pared   felicidad   sinceridad
> maldad   vanidad   mitad   salud   piedad

a. Quiero pintar esta _____ de azul.

b. Vivo en la _____ de São Paulo.

c. Tu _____ me deja feliz.

d. Todos deben tener la _____ de estudiar.

e. Antonio y yo tenemos la misma _____.

f. Rafael te habló con _____.

g. Tuvo la _____ de avisarme.

h. Nada como vivir con _____.

i. Te deseo toda la _____ del mundo.

j. No vi _____ en su actitud.

k. En la naturaleza los pájaros viven en _____.

l. Mi hermana es muy sencilla, no tiene _____.

m. Hacer las cosas de buena _____ es mitad de camino andado para alcanzar el éxito.

n. ¿Quieres la _____ de mi tamarindo?

ñ. Cuidar de la _____ es también cuidar de las emociones.

o. Ese hombre no tiene _____.

4 Elija tres palabras de la actividad anterior y escriba nuevas frases con cada una.

a. _____

b. _____

c. _____

FloridaStock/Shutterstock

¿Vamos a leer?

1 ¿Confías en todo lo que te dicen? Cuéntale a tu compañero qué cosas te producen desconfianza.

2 Lee el siguiente relato y entiende por qué su título es "Celebración de la desconfianza".

Celebración de la desconfianza

El primer día de clase, el profesor trajo un frasco enorme:

—Esto está lleno de perfume —dijo a Miguel Brun y a los demás alumnos. —Quiero medir la percepción de cada uno de ustedes. A medida que vayan sintiendo el olor, levanten la mano.

Y destapó el frasco. Al ratito nomás, ya había dos manos levantadas. Y luego cinco, diez, treinta, todas las manos levantadas.

—¿Me permite abrir la ventana, profesor? —suplicó una alumna, mareada de tanto olor a perfume, y varias voces le hicieron eco. El fuerte aroma, que pesaba en el aire, ya se había hecho insoportable para todos.

Entonces el profesor mostró el frasco a los alumnos, uno por uno. El frasco estaba lleno de agua.

GALEANO, Eduardo. *El libro de los abrazos*.
México: Siglo XXI, 2006.

Gilberto Valadares/Arquivo da editora

Ricardo Ceppi/Getty Images

Eduardo Galeano (1940-2015) nació en Montevideo, Uruguay, y fue un destacado periodista, novelista y ensayista. Vivió muchos años en el exilio por motivos políticos, primero en Argentina, después en España. Su libro *Las venas abiertas de América Latina*, traducido a más de veinte idiomas, es considerado uno de los reportajes históricos más brillantes de los años 1970.

3 Según el narrador, el profesor hace un experimento con los alumnos para medir la percepción que tienen de uno de los cinco sentidos. Señala cuál es ese sentido.

- ( ) el oído
- ( ) la vista
- ( ) el tacto
- ( ) el olfato
- ( ) el gusto

4 ¿Alguien desconfió de que en el frasco solo había agua? Justifica tu respuesta.

_____

_____

_____

5 El título del relato nos hace pensar que se debe:

- ( ) dudar siempre de lo que se nos dicen.
- ( ) dudar algunas veces y preguntar el porqué de las cosas.
- ( ) creer en todo lo que se nos dicen.
- ( ) no preguntar nada.

6 Para ti, la intención del profesor con ese experimento era:

- ( ) alertar sobre la posible influencia que pueden tener algunas personas sobre otras.
- ( ) aclarar la diferencia que existe entre el olor del agua y del perfume.
- ( ) hacer un test sobre los cinco sentidos.
- ( ) gastarles una broma a los alumnos.

7 ¿Y tú? ¿Sueles tener opinión propia o te dejas influenciar por otras personas?

_____

_____

_____

Relato breve es un texto narrativo que presenta algunos de los elementos de la novela, como narrador, enredo, personajes, tiempo y espacio, pero que es más corto. En este género, rápidamente se dan a conocer los datos más importantes para el desenlace de la historia.

¿Cómo funciona?

¿Masculino o femenino?

1 Observa las palabras destacadas y pásalas al cuadro, según correspondan.

Marcia es una **muchacha baja** y **fuerte**, tiene el pelo **negro** y quiere ser **actriz**. Su **hermano** es **alto** y **delgado** y quiere ser **periodista**. Él se parece a su **padre**, que es un **hombre** muy **alegre** y trabaja de **profesor** en una universidad.

Masculino	Femenino	Masculino y femenino

2 Ahora completa el cuadro con las formas adecuadas.

	Masculino	Femenino
Cambia la -o por la -a	muchacho	muchacha
	niño	
	alumno	
	hermano	
Se añade la -a		presentadora
		portuguesa
		directora
		española
Es igual	el cantante	
	el estudiante	
	el periodista	
	el artista	
	el joven	
Es diferente		madre
	actor	
		nuera
	hombre	

3 Reescribe las frases en femenino según el modelo.

El niño es lindo como un príncipe.   *La niña es linda como una princesa.*

a. El periodista resolvió el misterio.

_____

b. Mi yerno es morocho.

_____

c. El padre de mi amigo es pintor.

_____

d. El estudiante es también un artista.

_____

4 Fíjate en el género de los sustantivos (masculino o femenino) y completa el texto con los artículos **el** o **la**.

¿Para qué sirven los cinco sentidos?

Tenemos cinco sentidos: _____ vista, _____ oído, _____ olfato, _____ gusto y _____ tacto.

Es en _____ cerebro donde se producen todas _____ sensaciones e imágenes que percibimos del mundo que nos rodea.

_____ ojo recibe _____ luz en intensidad y color. Con _____ visión, distinguimos _____ objetos y su entorno, proporcionando _____ 80% de toda _____ información que recibimos sobre _____ mundo.

_____ boca, en concreto _____ lengua, recoge _____ sentido del gusto: dulce, salado, ácido o amargo.

_____ oído recibe _____ sonido y controla _____ equilibrio corporal.

_____ nariz capta _____ olfato, _____ sentido que permite distinguir _____ olores.

_____ piel es _____ órgano externo que permite percibir _____ tacto, _____ temperatura, _____ presión del ambiente y _____ dolor.

5 ¿Cuáles son las dos palabras en el texto que tienen géneros opuestos en español y en portugués? Escríbelas.

_____

Fíjate en algunas palabras que tienen géneros opuestos en español y en portugués: el dolor (*a dor*), el árbol (*a árvore*), el color (*a cor*), el viaje (*a viagem*), la costumbre (*o costume*), la nariz (*o nariz*), la sonrisa (*o sorriso*), etc.

6 Lee las frases, cambia el género de las palabras y todo lo que sea necesario.

a. Mi hermana es alta y delgada y trabaja de veterinaria.

Mi hermano es _____.

b. Mi vecino, el yerno de Pedro, es un hombre muy simpático.

Mi vecina, _____.

c. Ella es una cantante brasileña muy famosa y hermana de un director de cine.

El es _____.

¿Singular o plural?

1 Lee el texto y observa las palabras destacadas. Después, escríbelas en el cuadro, teniendo en cuenta el número: singular o plural.

Ejercicios para mejorar el equilibrio

- Pintar una línea en el suelo y caminar sobre ella.
- Elegir un objeto y caminar con el sobre la **cabeza**.
- Párate en T: para dibujar una T con tu **cuerpo**, **baja** el **tronco** hasta ponerlo paralelo al suelo y extiende una pierna hacia atrás. Coloca las **manos** delante, con las **palmas** pegadas. Dirige su mirada al suelo.
- Con los **brazos** cruzados sobre el **pecho**, párate recto. Cierra los **ojos**, levanta una **pierna** y dobla la **rodilla**. Permanece sobre una pierna.

Singular	Plural

2 Observa el cuadro y complétalo con las formas correctas de plural.

	Singular	Plural
Se añade la -s	mano	
	brazo	
	ejercicio	
Se acrecienta -es		talones
		débiles
		grises
Cambia la -z por -ces	nariz	
	actriz	
	voz	
No cambian		lunes
		viernes

Verbos regulares de la primera, segunda y tercera conjugaciones

1 Lee la historieta y completa la conjugación de los verbos en el cuadro a continuación.

Ilustrações: Gilberto Valadares/Arquivo da editora

	Caminar (1ª)	Correr (2ª)	Escribir (3ª)
(yo)	camino	corr_____	escribo
(tú)	caminas	corres	escrib_____
(usted)	camina	corre	escribe
(él / ella)	camin_____	corr_____	escrib_____
(nosotros/as)	caminamos	corremos	escribimos
(vosotros/as)	camináis	corréis	escribís
(ustedes)	camin_____	corr_____	escrib_____
(ellos / ellas)	camin_____	corr_____	escrib_____

Fíjate en algunos verbos de:
1ª conjugación: cantar, amar, comprar, estudiar, bailar, confiar, llamar, llorar, etc.
2ª conjugación: comer, beber, leer, creer, vender, deber, aprender, comprender, etc.
3ª conjugación: vivir, partir, recibir, abrir, dividir, resumir, subir, existir, discutir, asistir, etc.

2 Juega con un compañero al "Tres en raya".

a. Cada uno debe tener un bolígrafo de color diferente.

b. El objetivo del juego es conseguir tres posiciones en línea, sea en vertical, horizontal o diagonal.

c. Gana el primero que consiga hacer una raya escribiendo los verbos correctamente.

estudiar (nosotros)	aprender (yo)	vivir (ellas)
beber (tú)	leer (vosotros)	comprender (él)
partir (usted)	abrir (ellos)	comprar (yo)

3 Ordena las frases conjugando los verbos destacados en presente de indicativo.

a. periódico / **leer** / padre / días / el / mi / los / todos

_____

b. siempre / ustedes / sus / vacaciones / **viajar** / en

_____

El afiche publicitario

El afiche publicitario es un texto que tiene como objetivo divulgar servicios o productos.

Tres elementos importantes que suelen componer ese tipo de afiche son: la imagen, sea una fotografía, ilustración o dibujo; el eslogan, que es una frase corta que resume de forma creativa el mensaje; la información del producto o servicio. Observa este afiche publicitario que divulga clases gratuitas de gimnasia.

Karasu Fukazawa/Shutterstock

Ahora, sigue los pasos para crear tu propio afiche para divulgar una actividad que te guste.

Preparación

1. Primero, registra las actividades deportivas y artísticas que más te interesan.

Actividades deportivas	Actividades artísticas

2. Revisa la lista de actividades antes de pasar a la etapa siguiente.

3. Decide con qué actividad te gustaría trabajar.

Producción

1. Busca y selecciona una imagen para ilustrar tu afiche.

2. Organiza el esquema visual de tu material y crea un eslogan de impacto para representarlo.

3. Escribe el borrador con la información de esta actividad: lugar, fecha, horario y contacto.

Revisión

1. Revisa el esquema visual de tu afiche. Verifica la disposición de la imagen y haz las correcciones estructurales y lingüísticas necesarias con la ayuda de tu profesor.

2. Edita o recorta la imagen que has seleccionado y escribe el eslogan de tu actividad.

Versión final

1. Crea el material definitivo de la actividad elegida. Fíjate en los elementos obligatorios: imagen, eslogan e información principal.

2. Presenta tu afiche a tus compañeros y a tu profesor.

¡Entérate!

El sedentarismo

La Organización Mundial de Salud (OMS) clasifica el sedentarismo como un problema mundial. Durante la pandemia provocada por la covid-19, la restricción de acceso a espacios públicos ha contribuido directamente para el crecimiento del número de niños y adolescentes que no realizan ninguna actividad física. ¿Qué actividades crees que han sustituido las actividades físicas durante la cuarentena? Lee el texto para enterarte de este tema.

Pandemia también afecta la salud de los adolescentes

La cuarenenta afectó la calidad de vida de los adolescentes.

Lunes, 21 diciembre 2020 | 04:00

Los adolescentes uruguayos eran en su mayoría sedentarios antes de 2020. Pero la pandemia los afectó en su calidad de vida, entre otras cosas en lo que tiene que ver con la actividad física. El porcentaje de adolescentes activos previo a la cuarentena era de 31%, luego descendió a 20%. Y la inactividad pasó del 68% al 84%. Así lo describe una encuesta realizada por docentes de la Clínica de Pediatría de la Facultad de Medicina de la Universidad de la República, llamada "Efectos del confinamiento sobre los hábitos saludables de los adolescentes de Montevideo y Canelones durante la pandemia Covid-19".

"Las actividades tienen que ver con el uso de tecnologías, como el juego de PC, el chateo, el celular en sí, con poco espacio para otras actividades sedentarias como puede ser, por ejemplo, la lectura", contó a El País Gustavo Giachetto, director de la Clínica de Pediatría.

Tras encuestar a 465 jóvenes de entre 12 y 19 años, entre el 1º de junio y el 1º de julio, los estudiosos comprobaron la hipótesis: "La proporción de adolescentes que se declaran como sedentarios por el tipo de actividades que hacen ya era alta previamente, pero aumenta mucho durante el confinamiento".

[...]

PANDEMIA también afecta la salud de los adolescentes. *El País*, Uruguay, 21 dic. 2020. Disponible en: www.elpais.com.uy/informacion/salud/pandemia-afecta-salud-adolescentes.html. Accedido el: 26 feb. 2021.

---

1 En tu opinión, ¿qué problemas la falta de actividad física puede traer a los adolescentes?

2 Teniendo en cuenta el texto, ¿se puede decir que la pandemia fue la principal responsable por el sedentarismo entre los adolescentes uruguayos?

3 ¿Qué podrían hacer los adolescentes para cambiar las actividades sedentarias por actividades físicas saludables, en un contexto de pandemia?

Sigue explorando

Los festivales de danza

Aún durante periodos de aislamiento social, como el de la pandemia de covid-19, es necesario mover el cuerpo, bailar, mantener la alegría y la salud. En ese contexto, muchos festivales de danza han ocurrido virtualmente. Conoce dos de esos festivales:

De lo Urbano a la Escena Digital (Mexico, 2021)

chaoss/Shutterstock

Evento artístico que reúne compañías mexicanas representantes de *hip-hop* y *break dance*. En el año 2021, las compañías de danzas urbanas de México se presentaron en formato digital para dar a conocer su talento y creaciones al público general.

Festival Internacional de Música y Danza de Granada (España, 2020)

Reprodução/https://www.youtube.com/watch?v=sEG20R2rCNc

Festival tradicional que reúne espectáculos de danza y música hace más de 70 años. Por la pandemia de covid-19, su 69ª edición ocurrió digitalmente en 2020. Se grabaron las presentaciones en importantes lugares de Granada y se exibieron los videos por las redes sociales.

Ahora, investiga otros festivales de danza en países hispanohablantes y elige el que más te gustó para presentarlo en clase. Para eso, sigue estas orientaciones:

- Busca información en Internet.
- Selecciona imágenes, audios y/o videos del festival.
- Organiza tu investigación en una presentación para compartir con tus compañeros.

Para explorar más

- CUERDAS. Dirección: Pedro Solís García. Producción: La Fiesta PC. España, 2013.
  En este cortometraje animado, la rutina de la pequeña María en el colegio se verá alterada por la llegada de un niño muy especial. Pronto se convertirán en amigos inseparables.

- GALEANO, Eduardo. *Mitos de memoria del fuego*. Madrid: Anaya, 2002.
  Trilogía llena de historias, poesías y mitos que narra el comienzo de América Latina hasta la que conocemos en la actualidad.

- TOSTADO, Almudena Cid. *Colección Olympia*. Madrid: Flexbinder, 2014.
  Colección de libros basados en la vida personal y deportista de la gimnasta española Almudena Cid.

UNIDAD 5

LA ROPA Y LA MODA

◆ ¿De dónde son las mujeres de la imagen? ¿Qué ropa llevan?

◆ ¿Conoces a otras personas o pueblos que llevan ropas típicas? ¿Quiénes?

◆ En tu opinión, ¿crees que la ropa representa nuestra identidad? ¿Por qué?

Además de ser una necesidad frente a los rigores del clima, la ropa puede reflejar diferentes modos de pensar y se ha convertido en un medio de ejercitar la creatividad. ¿Vamos a conocer un poco de la ropa y de la cultura de los países hispanohablantes?

meunierd_shutterstock

Mujeres del pueblo Uro con su traje típico, en Puno, Perú.

¿Cómo se dice?

1 Observa las imágenes y escucha la grabación.

22 Texto 1

Ilustrações: Gilberto Valadares/Arquivo da editora

— Mira, Patricia, ese vestido estampado. ¡Qué mono es!

— Sí, sí, es precioso. A mí me gusta esa falda a cuadros.

— ¡Pero está todo tan caro!

— Y esa blusa blanca, ¿no te gusta? ¿No te parece que con la falda queda bien?

— Pues sí que me gusta. Y parece que tiene tu estilo.

— Todos los días paso por aquí y me paro en este escaparate. Estoy esperando las rebajas.

— Anda, vamos a entrar y le preguntamos al vendedor cuándo empiezan...

— Sí, claro, pero no podemos tardar, porque ya son las dos de la tarde y tenemos que volver a la oficina.

Voy a comprar un chándal y una camiseta.

Necesito unas zapatillas deportivas, pero hoy no puedo. No tengo plata.

En esta tienda siempre hay muchas novedades y buenos precios. ¡Vamos a entrar!

¿Siempre compras ropa deportiva aquí?

Sí, casi siempre. Me gusta esta tienda porque, además de que los precios no son altos, la calidad de la ropa es muy buena.

Mira, mañana empiezan las rebajas...

Pues, entonces, mañana volvemos, Rodrigo, así vamos a ahorrar.

REBAJAS MAÑANA

Ilustrações: Gilberto Valadares/Arquivo da editora

2 Contesta a las preguntas según los textos.

a. ¿Qué dicen los carteles de las tiendas?

_____

_____

b. En el segundo texto, ¿quién está decidido a comprar ropa y qué va a comprar?

_____

_____

c. ¿Patricia y su amiga van a comprar la ropa del escaparate? ¿Por qué?

_____

_____

3 Ahora, contesta a las preguntas.

a. ¿Qué ropas comprarías de los escaparates que se ven en las dos historias?

_____

_____

_____

b. ¿Qué ropas usas en invierno? ¿Y en verano?

_____

_____

_____

c. Imagínate que vas a la playa o al campo este fin de semana. ¿Qué ropas llevarías?

_____

_____

_____

d. ¿Te parece bien esperar las rebajas para comprar? ¿Por qué?

_____

_____

_____

e. ¿Sabes qué significa consumo compulsivo? Explícalo.

_____

_____

_____

4 Relaciona las palabras del recuadro con las imágenes.

a. la falda	**b.** la braga	**c.** la bufanda	**d.** el chándal
e. el pijama	**f.** el bañador	**g.** los zapatos	**h.** la corbata
i. los pantalones cortos	**j.** el jersey	**k.** la camisa	**l.** los calcetines
m. el pantalón vaquero	**n.** el sostén o sujetador	**ñ.** el traje	**o.** las zapatillas deportivas
p. el bolso	**q.** el calzoncillo	**r.** la camiseta	**s.** la cazadora

Lepas/Shutterstock

shooarts/Shutterstock

k

Etnur/Shutterstock

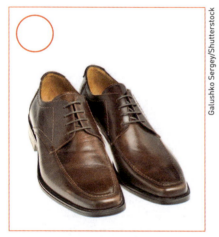

Galushko Sergey/Shutterstock

showcake/Shutterstock

xiaorui/Shutterstock

Olga Popova/Shutterstock

Ultimathule/Shutterstock

Karkas/Shutterstock

f

Michael Kraus/Shutterstock

d

Petar Djordjevic/Shutterstock

q

Mindscape studio/Shutterstock

o

Volodymyr Krasyuk/Shutterstock

p

Goncharuk/Shutterstock

r

Goncharuk/Shutterstock

m

John Kasawa/Shutterstock

b

Romariolen/Shutterstock

h

Africa Studio/Shutterstock

c

Mimo/Shutterstock

e

Vladiri/Shutterstock

¿Entiendes lo que oyes?

1 ¿De qué trata el audio? Escucha la grabación y marca la opción correcta.

○ Es un diálogo entre dependiente y cliente en una tienda.

○ Es la narración de un desfile de moda.

○ Es una entrevista a un modelo.

2 Escucha la grabación vez más y relaciona las columnas.

a. Fernando

○ para ir al trabajo con mucha elegancia, usa un traje que llama la atención por su tela y color. El traje es de color azul marino, con camisa gris marengo y corbata azul marino con lunares morados.

b. Javier

○ muy graciosa, desfila con un vestido estampado, sin mangas, de colores fuertes, que llama la atención por su belleza.

c. Rodrigo

○ se presenta con una blusa amarilla y un pantalón de lino crema. Es la ropa adecuada para salir por las noches con mucha elegancia.

d. Cibele

○ desfila con bermudas de color verde oliva y una camiseta a rayas de color blanco y gris.

e. Raquel

○ a su aire, lleva una falda a rayas horizontales lila y azul y camiseta roja, ideal para las tardes de intenso verano.

f. Daniela

○ lleva un pantalón a cuadros, blanco y marrón, y una camisa de seda negra, algo elegante y deportivo, propio para las noches calurosas.

3 Imagínate que eres el locutor de un desfile de moda. Observa las imágenes y describe qué ropa llevan.

a.

Djomas/Shutterstock

b.

Djomas/Shutterstock

_____

_____

_____

_____

4 Observa un compañero y describe oralmente cómo está vestido.

5 Y tú, en este momento, ¿cómo estás vestido?

_____

_____

_____

Las ropas pueden ser de diferentes materiales y tejidos. Para describir la ropa que lleva una persona, es importante saber como nombrar sus características. Mira la tabla.

Describir la ropa	
Una ropa puede ser de...	**El tejido de la ropa puede ser...**
lana / nailon / seda / lino / cuero / pana / gamuza / terciopelo / algodón	a cuadros / ajedrezado / a rayas / estampado / de lunares / liso
Describir a alguien	
¿Qué lleva puesto? ¿Qué usa?	Pues llevo… (llevar) Uso… (usar) Desfila con… (desfilar)

¿Qué sonido tiene y cómo se escribe?

El uso de la g y la j

25 **1** Escucha y completa el texto.

Javier	¡Hola, _____!
Gustavo	¡Hola, _____! ¿Qué haces con ese _____?
Javier	Lo encontré en el _____, _____ del coche, _____ cuando iba a salir.
Gustavo	¡Pobrecito! Mira qué cara de hambre, Javier. Voy a _____ una _____ para él.
Javier	¡Sí!, pero _____ antes darle _____ de comer y beber. Está muy _____.
Gustavo	¿Te vas a quedar con él?
Javier	Creo que sí... Se va a llamar _____.

2 Transcribe las palabras del diálogo que se escriben con la **g** o la **j** en las columnas correspondientes.

Palabras con la g	**Palabras con la** j

La **g** tiene dos sonidos. Antes de **a / o / u**, suena como en portugués: **g**ato, al**g**o, **G**ustavo; antes de **e / i**, suena como la **j** en español: co**g**er, **G**itano.
Las palabras que en portugués terminan en **agem**, en español terminan en **aje**: gara**j**e, via**j**e

3 Completa con la **g** o la **j**.

a. en_____abonar

b. _____oven

c. ro_____o

d. extran_____ero

e. _____efe

f. relo_____ería

g. ori_____en

h. _____irar

i. _____igante

j. mar_____en

k. ca_____ita

l. _____eometría

m. paisa_____e

n. _____arro

ñ. _____irafa

o. _____entil

p. tar_____eta

q. via_____e

4 Lee las frases y trata de pronunciar correctamente las palabras con la **g** o la **j**.

a. Me **g**usta el color ro**j**o.

b. Vamos a via**j**ar al extran**j**ero.

c. Al hi**j**o de Eu**g**enia le gusta estudiar **G**eografía.

d. A la mu**j**er de **J**ulio no le **g**ustan las **j**oyas.

e. El pá**j**aro bebió a**g**ua del **j**arro.

f. La **g**eolo**g**ía estudia la forma interna y externa del **g**lobo terrestre, las materias que lo componen y los cambios que han sufrido desde su ori**g**en.

g. El a**j**edrez es un **j**uego **g**enial.

h. En esta empresa los hombres traba**j**an con tra**j**e y corbata.

5 Lee el significado de los colores y completa las palabras con la **g** o la **j**.

a. Azul: asociado a sensaciones de harmonía, confianza, credibilidad, tecnolo_____ía e inteli_____encia.

b. Ro_____o: puede representar ener_____ía, cora_____e, motivación y trans_____resión.

c. Amarillo: representa sensaciones, como, por e_____emplo, creatividad, _____ovialidad, curiosidad y abundancia.

d. Verde: si eli_____es ese color, transmites un mensa_____e de esperanza, equilibrio y libertad.

e. Rosa: muy asociado al universo de la fantasía, si_____nifica el equilibrio entre la euforia y la tranquilidad.

¿Vamos a leer?

1 ¿Cómo te sientes a la hora de comprar ropa? ¿Es una actividad que te gusta? ¿Por qué? Habla con tus compañeros.

2 Mira una fotografía de un catálogo de moda inclusiva.

Leander Baerenz/Westend61/Getty Images

En tu opinión, ¿qué es la moda inclusiva? Señala la opción que más se acerca a lo que piensas.

○ Es la producción de ropa diseñada solamente para un tipo de persona.

○ Es la producción de ropa pensada para todas las personas y que considera las necesidades de cada cuerpo.

○ Es la ropa diseñada solamente para personas en silla de rueda.

3 Lee el fragmento de una entrevista a una joven argentina y verifica si le harías las mismas preguntas.

"Una moda inclusiva abarca a todas las personas y acepta a todos los cuerpos"

La influencer Daniela Aza nos cuenta los desafíos de estar a la moda a pesar de la discapacidad.

Sábado, 24 de octubre de 2020 | 10:55 AM
Por Stefanía Musso

Daniela Cecilia Aza es un ejemplo de lucha y resistencia a la adversidad. La joven comunicadora social oriunda de Buenos Aires se convirtió en la abanderada de la igualdad en diferentes contextos, pero principalmente en el de la indumentaria, donde destaca la moda como un derecho pero que aún sigue siendo un gran tabú.

La joven de 36 años nació con artrogriposis múltiple congénita, una condición que genera contracturas en las articulaciones y afecta a 1 de cada 3.000 personas […].

Daniela Aza/Divulgação

La joven fue tapa de la revista *Ohlala* en junio pasado y hoy cuenta con más de 15.000 seguidos en su Instagram.

¿Cómo se puede pensar en una moda inclusiva?

Hablar de moda inclusiva es hablar de "una" moda que abarca a todas las personas y acepta todos los cuerpos. Es una moda que invita a la diversidad y no muestra solamente a algunas personas sino a todas. Y no solamente se trata de mostrar sino de actuar: probadores accesibles y cómodos en donde una persona con discapacidad cuente con apoyos. En ese sentido yo inicié una campaña que se llama #QuieroProbadoresAccesibles donde invito a pensar esta problemática.

Se trata además de vendedores capacitados que sepan cómo actuar ante la presencia de una persona con discapacidad, por ejemplo, conociendo la lengua de señas o ayudando a que la persona con dificultades motrices se pueda probar una prenda. […]

¿En qué situaciones te sentiste excluida?

En todas las etapas de mi vida comprar ropa fue complicado. Cuando era chica tenía mi prótesis y necesitábamos un lugar accesible que era muy difícil de encontrar, de adolescente sufría mucho no encontrarme representada y descubrir que para las marcas grandes o chicas yo no tenía derecho a ponerme un vestido para una fiesta de 15, por ejemplo. Y cuando pensaba que ya había pasado todo, quise usar un vestido de novia y las modistas no estaban acostumbradas a tratar con alguien con discapacidad o faltaba accesibilidad en casi todos los ateliers. […]

¿Qué consejos le darías a las personas con discapacidad a la hora de vestirse "a la moda"?

Lo importante es vernos como capaces más allá de una sociedad que nos invita a pensar constantemente desde el "no puedo", y siento que eso debería ser algo que nos decimos todos los días. Podemos vernos lindas, podemos vestirnos a la moda, sea cual sea el estilo que queramos tener. […]

MUSSO, Stefanía. "Una moda inclusiva abarca a todas las personas y acepta a todos los cuerpos". *La Voz de San Justo*, 24 oct. 2020. Disponible en: http://lavozdesanjusto.com.ar/secciones/entrevista/daniela-aza-una-moda-inclusiva-abarca-a-todas-las-personas-y-acepta-a-todos-los-cuerpos-------95936. Accedido el: 19 mar. 2021.

4 Lee las afirmaciones y señala **V** (verdadera) o **F** (falsa).

a. ◯ Daniela Cecilia Aza lucha solamente por la inclusión en la moda.

b. ◯ La moda inclusiva muestra solamente a las personas con discapacidad.

c. ◯ Pensar en moda inclusiva también significa capacitar a los vendedores.

d. ◯ Solamente en la infancia Daniela tuvo problemas para encontrar ropa.

e. ◯ De adolescente, Daniela sufría mucho por no sentirse representada.

5 Contesta a las preguntas según el texto.

a. ¿Qué piensa la joven Daniela Cecilia Aza sobre la moda?

_____

_____

b. ¿Qué objetivo tiene el *hashtag* #QuieroProbadoresAccesibles?

_____

_____

_____

c. ¿Es la moda inclusiva una realidad? ¿Qué piensas?

_____

_____

6 ¿Qué significa la palabra **abanderada** en el fragmento de la entrevista?

"[…] se convirtió en la **abanderada** de la igualdad en diferentes contextos."

◯ Persona encargada de izar una bandera.

◯ Persona que actúa como representante de una causa.

◯ Persona a quien le gustan las banderas.

7 ¿Qué otra pregunta te gustaría hacerle a Daniela?

_____

_____

La **entrevista** es un texto informativo bastante difundido en los medios de comunicación, como periódicos y revistas impresos o digitales. Es marcada por elementos de oralidad, que representan la interacción entre el entrevistador y el entrevistado por medio de preguntas y respuestas.

¿Cómo funciona?

El verbo gustar

1 Observa el uso del verbo **gustar**.

A mí me **gusta** **la falda larga**.	A nosotros(as) nos **gusta** **el chocolate**.
A mí me **gustan** **las medias estampadas**.	A nosotros(as) nos **gustan** **los dulces**.
A ti te **gusta** **el color rojo**.	A vosotros(as) os **gusta** **ese artista**.
A ti te **gustan** **los zapatos negros**.	A vosotros(as) os **gustan** **los cantantes**.
A usted le **gusta** **el abrigo marrón**.	A ustedes les **gusta** **la playa**.
A usted le **gustan** **los calcetines oscuros**.	A ustedes les **gustan** **los viajes**.
A él / ella le **gusta** **el short vaquero**.	A ellos / ellas les **gusta** **la pera cocida**.
A él / ella le **gustan** **las camisetas**.	A ellos / ellas les **gustan** **las verduras crudas**.

- Ahora, relaciona los elementos para formar frases.

a. Me gusta...

○ leer.

○ las vacaciones.

○ la música.

○ los pantalones vaqueros.

b. Me gustan...

○ ir de compras.

○ las ropas deportivas.

○ ir a las discotecas.

○ el verano.

2 Señala la opción correta y completa las frases.

a. En verano, a mí _____ los colores más claros.

○ te gusta ○ me gustan ○ me gusta

b. Julia, ¿_____ la nueva colección de invierno?

○ te gusta ○ te gustan ○ nos gustan

c. A mis amigos _____ las estampas personalizadas.

○ te gustan ○ les gustan ○ les gusta

d. A mi papá _____ el traje con corbata.

○ le gustan ○ me gusta ○ le gusta

3 Completa el diálogo con el verbo **gustar**.

Lola ¿Te _____ estos zapatos, Juan?

Juan No, a mí no me _____, mamá.

Lola ¿Y por qué no?

Juan No me _____ el color.

Vendedor Tengo de otros colores. A ver si te _____.

Lola ¿Te _____ estos colores, Juan?

Juan No, a mí no me _____ estos colores.

Gerente ¿Qué pasa?

Vendedor No le _____ estos zapatos.

Gerente Esperen un momento, tenemos otros modelos.

Vendedor ¿Te _____ este modelo?

Juan Sí, este me _____.

Lola ¿Y cuánto vale?

Vendedor Estos son más caros, cuestan 60 € (euros).

Lola ¡Dios mío! Ahora, a mí no me _____ el precio.

4 Y a ti, ¿qué te gusta o no te gusta? Completa las frases.

a. A mí _____ andar en bicicleta.

b. A mí _____ usar zapatillas deportivas.

c. A mí _____ las películas de terror.

d. A mí _____ los días de lluvia.

e. A mí _____ la primavera.

f. A mí _____ los libros de cuentos.

g. A mí _____ ver la televisión.

h. A mí _____ los caramelos de menta.

Los numerales

1 Escucha y lee los números abajo.

1 – uno(a)	20 – veinte	70 – setenta
2 – dos	21 – veintiuno(a)	80 – ochenta
3 – tres	22 – veintidós	90 – noventa
4 – cuatro	23 – veintitrés	100 – cien
5 – cinco	24 – veinticuatro	101 – ciento uno(a)
6 – seis	25 – veinticinco	110 – ciento diez
7 – siete	26 – veintiséis	120 – ciento veinte
8 – ocho	27 – veintisiete	200 – doscientos(as)
9 – nueve	28 – veintiocho	300 – trescientos(as)
10 – diez	29 – veintinueve	400 – cuatrocientos(as)
11 – once	30 – treinta	500 – quinientos(as)
12 – doce	31 – treinta y uno(a)	600 – seiscientos(as)
13 – trece	32 – treinta y dos	700 - setecientos(as)
14 – catorce	33 – treinta y tres	800 – ochocientos(as)
15 – quince	40 – cuarenta	900 – novecientos(as)
16 – dieciséis	41 – cuarenta y uno(a)	1 000 – mil
17 – diecisiete	42 – cuarenta y dos	1 000 000 – un millón
18 – dieciocho	50 – cincuenta	1 000 000 000 – mil millones
19 – diecinueve	60 – sesenta	1 000 000 000 000 – un billón

2 Completa las frases escribiendo los numerales con palabras.

a. Tía Irene tiene _____ años. (31)

b. Mi abuela nació en _____ y cinco. (1945)

c. Cristóbal Colón llegó a América en _____

_____. (1492)

d. El hombre llegó a la Luna en _____. (1969)

Se escriben con una sola palabra los números del 21 al 29; a partir del número 31, se escriben separados por la **y**: 25 – veinticinco; 34 – treinta y cuatro.
La **y** aparece solamente entre la decena y la unidad: 1 356 – mil trescientos cincuenta y seis; 159 – ciento cincuenta y nueve; 203 – doscientos tres.
Mil millones (1 000 000 000) corresponden a un billón del portugués.

En esa tienda, el pantalón está barato. ¡Es una ganga!

¿Y cuánto te costó?

Pagué veinticinco euros cada uno, por eso me llevé dos.

¡¿Y eso te parece una ganga, Rodrigo?!

Ilustrações: Gilberto Valadares/Arquivo da editora

Ahora, resuelve el problema. Si Rodrigo comprase cuatro pantalones, con una rebaja de cinco euros en cada pantalón, ¿cuánto pagaría?

_____

4 Resuelve los problemas y responde escribiendo los números.

a. Paco quiere colocar veinticuatro fotos en un álbum. Si en cada página caben cuatro fotos y sobran cuatro páginas libres, ¿cuántas páginas tiene el álbum?

_____

b. Un grupo de ocho jóvenes quiere comprar entradas de fútbol a 7 € cada una. Si solo tienen 11 €, ¿cuánto les falta?

_____

c. Colocamos setenta lápices en varios estuches. Si en cada uno caben siete lápices y si se quedan vacíos siete estuches, ¿cuántos estuches hay?

_____

Los adjetivos calificativos

 Completa las frases con un adjetivo del recuadro según las imágenes.

delgado	grande	triste	alto
larga	pequeño	viejo	

a.

Sabphoto/Shutterstock

¡Vamos, anímate! ¿Por qué estás

_____?

b.

Alexandre Camilo Bonato/Shutterstock

¡Qué _____ es ese coche!

c.

Dragon Images/Shutterstock

Mi primo Paco es _____.

d.

XiXinXing/Shutterstock

Serafín es muy _____.

e.

Maria Evseyeva/Shutterstock

Hoy Cristina lleva una falda muy

_____.

f.

anetapics/Shutterstock

El perro _____ se llama Máximo y el perro

_____ se llama Chico.

2 Pasa las palabras del recuadro a la columna que les corresponde. ¡Ojo! Algunas cualidades pueden aparecer en más de una columna.

azules	rizado	corto	alto	alegre	trabajador
almendrados	rubio	morena	fuerte	delgada
liso	elegante	baja	inteligente	largo	pobre
perezoso	grandes	gordo

Hombre	Mujer	Ojos	Pelo

3 Haz lo que se te pide.

a. Completa el texto con tus características físicas.

Soy _____ y _____, tengo los

ojos _____ y el pelo _____ y

_____.

b. Completa el texto con tus características de personalidad.

Me considero _____, _____ y

_____.

¿Vamos a producir?

La entrevista

Las entrevistas pueden ser escritas u orales, además de por video o solo por audio, dependiendo del objetivo y de dónde se van a publicar. Ese tipo de interacción requiere la elaboración de un guion y, en las entrevistas orales, la escucha atenta del entrevistador.

Sigue las orientaciones para producir una entrevista oral sobre moda, asumiendo el papel de entrevistador.

Preparación

1. Haz una lista de los asuntos relacionados a la moda y a la ropa que te gustaría preguntar a un compañero.

2. Escribe cuatro preguntas que quieres hacer en la entrevista, con base en los asuntos que pusiste en la lista. Ese va a ser el guion de la entrevista.

3. Revisa el guion y haz las correcciones que sean necesarias.

4. Con la ayuda del profesor, define la duración que debe tener el audio o el video de la entrevista y elige a alguien para entrevistar.

5. Arregla la fecha, el lugar y el horario de la entrevista y define si se va a hacer por video o solo por audio.

Producción

1. En el día y horario arreglados, organiza los aparatos que sean necesarios para grabar la entrevista.

2. Haz una pregunta de cada vez, esperando que la persona entrevistada termine de contestar para que puedas pasar a la próxima pregunta.

3. Al finalizar la entrevista, agradece al entrevistado por su participación e interrumpe la grabación.

Revisión

1. Escucha el audio o ve el video de la entrevista.

2. Con la ayuda del profesor, define si va a ser necesario editar el audio o el video.

3. Si necesario, edita el audio o el video para adecuarlo a la duración predeterminada.

Versión final

1. Presenta la versión final de tu producción a la clase y escucha la presentación de tus compañeros.

2. Con la orientación del profesor, divulga la entrevista a la comunidad educativa.

¡Entérate!

La ropa y el medio ambiente

Repensar nuestra relación con el medio ambiente y proponer soluciones ecológicamente sostenibles son los desafíos necesarios para garantizar la supervivencia de las futuras generaciones. ¿Crees que el mercado de la moda tiene impacto en el medio ambiente? Lee el texto para enterarte de ese tema.

Dónde llevar la ropa que ya no usamos

El objetivo de reciclarla es conseguir un menor impacto medio ambiental

Olga Selma
Sábado, 6 de febrero de 2021

La industria textil es la segunda más contaminante del mundo. Según datos de las Naciones Unidas produce el 20% de las aguas residuales y el 8% de las emisiones de carbono en el mundo. Otro dato preocupante es el corto tiempo de vida de las prendas, **ya que el 85% de los textiles son desechados en vertederos o incinerados**. Cada segundo se entierra o quema una cantidad de textiles equivalente a un camión de basura.

Contenedor de ropa en la calle, en Granada, España.

ONU Medio Ambiente considera que, si se promoviera un cambio en las formas de consumo mediante medidas como el mejor cuidado de la ropa y los programas de reciclaje y devolución, se conseguiría un menor impacto medioambiental. Además, con sólo duplicar el tiempo que usamos cada prenda de vestir **podríamos reducir a la mitad las emisiones de gases de efecto invernadero** que produce la industria de la moda.

[...]

Es por ello que, cuando decidimos prescindir de una prenda porque ya no nos la ponemos o no nos sirve, debemos pensar muy bien qué vamos a hacer con ella. Una opción fácil y práctica es **depositarla en un contenedor de ropa para su reutilización o reciclaje**. Diversos ayuntamientos tienen sus contenedores de ropa autorizados; también puedes llevarla a un punto limpio para que la reciclen, o donarla a alguna asociación con fines sociales.

[...]

SELMA, Olga. Dónde llevar la ropa que ya no usamos. 65 y *Más*, 6 feb. 2021. Disponible en: www.65ymas.com/sociedad/donde-reciclar-ropa-no-usas_24035_102.html. Accedido el: 19 mar. 2021.

1 Según el texto, ¿qué efectos tiene la producción de ropa para el medio ambiente?

2 Según el texto, ¿qué se debe hacer con la ropa que ya no usamos?

3 En tu opinión, ¿qué otras actitudes pueden disminuir el impacto de la producción de ropa en el medio ambiente? Cuéntales a tus compañeros.

Sigue explorando

Lo que está de moda

Cada año, la industria de la moda y los nuevos modelos de consumo dictan tendencias en escala global: colores, estampas, nuevas prendas de vestir o el rescate de elementos de otras épocas figuran en las revistas y las redes sociales. En el último año, algunos elementos se destacaron en el mundo hispanohablante: el rescate de un estampado personalizado y un accesorio obligatorio de protección individual. Conoce dos representantes de la moda 2020.

Atar y teñir

Muy utilizada en los años 1960 a 1990, la ropa estilo *tie dye* volvió renovada y confirmó fuerte tendencia en la cuarentena en diversos países de Latinoamérica.

La mascarilla o tapaboca

Accesorio obligatorio en la pandemia de covid-19, la mascarilla o tapaboca se convirtió en uno de los objetos más utilizados en todo el mundo.

Ahora, investiga otras tendencias de moda en España y Latinoamérica y elige la que más te gusta para presentarla en clase. Para eso, sigue estas orientaciones:

- Busca información en Internet.
- Selecciona imágenes o videos de esa tendencia.
- Organiza tu investigación en una presentación para compartir con tus compañeros.

Para explorar más

- EL LIBRO de Lila. Dirección: Marcela Rincón. Producción: Fosfenos Media y Palermo Studios. Colombia y Uruguay, 2017.

  En esa película de animación, un personaje de un libro de cuentos para niños se sale de su mundo de papel y queda atrapado en un lugar al que no pertenece.

- SVERDLICK, Graciela. *El hombrecito de la valija.* Buenos Aires: SM Ediciones, 2005.

  Todos los días y bien temprano, el señor Braulio Tuk sale a la calle con su valijita marrón y reparte respuestas a toda persona que le formule alguna pregunta.

- VER-TAAL. La ropa. Disponible en: www.ver-taal.com/voc_ropa1.htm. Accedido el: 21 mar. 2021.

  En ese sitio, podrás encontrar actividades de ampliación y sistematización del vocabulario de ropa y accesorios.

UNIDAD 6

LA VIVIENDA

◆ ¿Qué famosa residencia está representada en la fotografía?

◆ ¿Conoces otras casas o construcciones semejantes a esta? ¿Cuáles?

◆ En tu opinión, ¿qué importancia tiene la vivienda para las personas?

Además de ser un lugar donde abrigarse, una casa debe ser cómoda, segura y agradable, un sitio para estar a gusto con la familia, con los amigos o incluso solo. ¿Vamos a aprender cómo podemos hablar de las viviendas y construcciones importantes en los países hispanohablantes?

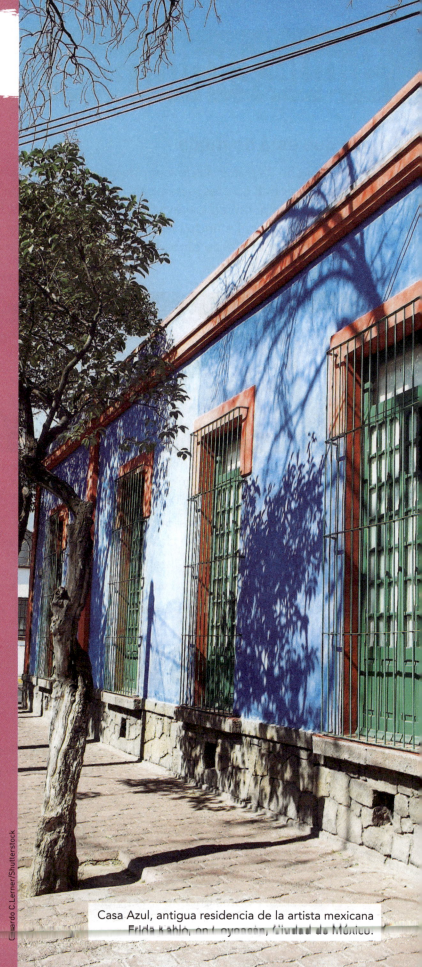

Ricardo C.Lerner/Shutterstock

Casa Azul, antigua residencia de la artista mexicana Frida Kahlo, en Coyoacán, Ciudad de México.

¿Cómo se dice?

1 Escucha los textos y relaciónalos con las imágenes a continuación.

Texto 1

Pedro	¡Buenos días! ¿Viene usted a ver el piso para alquilar?
Diego	Sí... primero quiero saber cuánto es el alquiler.
Pedro	¿No quiere ver antes el edificio? Mire, este es el salón de fiestas... es grande, ¿verdad?
Diego	Sí, pero...
Pedro	Y, ahora, la zona de ocio. Aquí sus hijos se divierten y usted no se preocupa.
Diego	No tengo hijos, solo quiero...
Pedro	¿No tiene hijos? Bueno... pero un día puede tenerlos. Venga, subimos en el ascensor y bajamos por las escaleras... el piso está en la primera planta... Mire, no está mal, el propietario quiere 500 euros.
Diego	¡Madre mía! A mí me parece muy caro. ¿Cuántas habitaciones y cuántos metros?
Pedro	Dos, con cocina americana, el balcón y un baño. Son 60 metros cuadrados.
Diego	Bueno, ya no necesito verlo... Muchas gracias por las informaciones.

Texto 2

Ángela	Andrés, ¡qué alegría verte! Por fin vienes a mi casa. Vamos a sentarnos en la terraza.
Andrés	¿Qué me cuentas? ¿Cómo te sientes en tu nuevo hogar?
Ángela	Ahora mucho mejor. Después de que te acostumbras, es maravilloso vivir en el campo.
Andrés	Me gusta mucho tu casa. Es amplia y luminosa...
Ángela	Pues, ya sabes, cuando quieras pasar unos días tranquilos, ¡mi casa es tu casa!

Texto 3

Julián Mira el cartel de la manifestación, Isabel. ¿Qué te parece?

Isabel ¡¿Cómo qué me parece, Julián?! Me parece muy justa la manifestación una vez que mucha gente no tiene respetado su derecho a la vivienda.

Julián No... Es decir, sí, tienes toda la razón en eso, pero lo que quería saber es si te gustó el cartel... ¿Crees que el mensaje está claro?

Isabel Ah, perdón. Pues, hombre, para mí está más claro que el agua. La imagen de las manos levantadas complementa estupendamente el texto. ¿No te parece?

Julián Sí, claro, me gustó muchísimo.

Texto 4

Venta de chalé y piso en Los Molinos

Precioso chalé adosado con dos plantas, tres dormitorios, dos baños y un aseo, despacho, salón y sala de estar, cocina amueblada, terraza, patio, jardín y garaje para dos coches. Muchas posibilidades de pago.

Piso con dos habitaciones, cocina, un baño y una sala. Totalmente reformado. Con dos ascensores. Muy luminoso. Listo para entrar a vivir. Precio negociable. Posibilidad de garaje.

Precioso chalé

Banco de imagens/Arquivo de editora

114

a.

João Prudente/Pulsar Imagens

b.

almgren/Shutterstock

c.

Andre Luiz Moreira/Shutterstock

d.

QUE LEVANTE LA MANO
EL QUE TIENE DERECHO
A UNA VIVIENDA
PERO NO
LA PUEDE PAGAR

MANIFESTACIÓN POR
UNA VIVIENDA DIGNA
SÁBADO 24 MARZO 17H

Reprodução/http://www.asturiasverde.com/2007/marzo/00604vivienda-digna.htm

Disponible en: https://elrogle.es/es/la-historia-moderna-del-derecho-la-vivienda/.
Accedido el: 1er mar. 2021.

2 Lee el **texto 1** y escribe **V** si la afirmación es verdadera o **F** si es falsa.

a. ◯ Diego quiere comprar un piso.

b. ◯ A Diego le gusta el área de recreo porque allí sus hijos se divierten y él no se preocupa.

c. ◯ A Diego le parece muy caro el piso.

d. ◯ El piso tiene dos habitaciones, cocina americana y un baño.

e. ◯ Diego decide comprar el piso.

3 Ahora, contesta a las preguntas sobre los textos 2, 3 y 4:

a. En el **texto 2**, cuando Ángela le ofrece su casa a Andrés para pasar unos días tranquilos, ¿qué expresión usa y qué significa?

_____

_____

b. En el cartel del **texto 3**, palabras e imagen se complementan para transmitir un mensaje. ¿Cuál es ese mensaje? ¿Estás de acuerdo con él?

_____

_____

c. ¿Qué se vende en los clasificados del **texto 4**? ¿En qué ubicación?

_____

4 Observa el plano y escribe los nombres de las partes de la casa.

sala / salón   comedor   cocina   habitación / dormitorio   patio con pileta
lavadero   cuarto de baño   pasillo   despacho   garaje   jardín

Gilberto Valadares/Arquivo da editora

5 Lee las preguntas y escribe en qué parte de la casa realizas estas actividades.

a. ¿Dónde almuerzas?

_____

b. ¿Dónde te duchas?

_____

c. ¿Dónde lavas la ropa?

_____

d. ¿Dónde duermes?

_____

e. ¿Dónde ves la televisión?

f. ¿Qué parte de la casa te gusta más?

_____

Las partes de la casa y sus respectivos objetos

1 Vamos a poner cada cosa en su sitio:

1. sofá
2. sillón
3. alfombra
4. televisión
5. fogón
6. nevera
7. fregadero
8. mesa y sillas
9. cama
10. mesilla de noche
11. armario / ropero
12. cajón de la cómoda
13. ducha
14. mampara
15. retrete / inodoro / váter
16. lavabo
17. estantería
18. escritorio
19. ordenador
20. teléfono
21. pila / lavadero
22. lavadora
23. tabla de planchar
24. escoba
25. cubo

a.

El salón.

b.

El cuarto de baño.

c.

La habitación.

d.

El despacho.

e.

La cocina.

f.

El lavadero.

Ilustrações: Gilberto Valadares/ Arquivo da editora

2 Mira las imágenes y busca en la sopa de letras algunos muebles y objetos de la casa.

kibri_ho/Shutterstock

Dima Moroz/Shutterstock

Dima Moroz/Shutterstock

AmaPhoto/Shutterstock

AmaPhoto/Shutterstock

A	A	A	M	A	N	C	T	I	E	I	C
S	I	L	L	A	S	I	L	L	Ó	N	L
E	T	F	R	M	K	N	T	N	R	O	A
N	E	O	O	V	E	X	T	D	F	T	D
Ó	H	M	P	V	O	F	A	O	E	O	A
G	E	B	E	I	L	L	G	C	U	F	R
O	H	R	R	C	I	Ó	S	A	N	A	E
F	A	A	O	E	N	W	L	M	D	I	V
I	A	G	A	L	E	A	T	A	D	I	E
A	W	T	E	L	E	V	I	S	I	Ó	N

Krivosheev Vitaly/Shutterstock

Petinov Sergey Mihilovich/Shutterstock

Yeamake/Shutterstock

3 Observa el plano y completa el anuncio de venta:

Gilberto Valadares/Arquivo da editora

VENDO UN PISO CON

_____

_____

_____

_____

_____

_____

 Contesta oralmente: ¿cómo sería la vivienda de tus sueños?

¿Entiendes lo que oyes?

1 Escucha el audio y completa los huecos del texto:

Los Derechos de los Niños

1. _____ deben tener los mismos derechos sin distinción de sexo, color,

religión o _____.

2. Los niños deben disponer de todos los medios necesarios para crecer

_____, en condiciones de libertad y dignidad.

3. Los niños tienen derecho _____ desde el momento de su

nacimiento.

4. Los niños y sus madres tienen derecho a disfrutar de una buena alimentación,

_____ y de una atención sanitaria especial.

5. Los niños _____ deben recibir atención especial

y _____ a sus condiciones.

6. Los niños han de recibir el amor y la comprensión _____

y crecer bajo su responsabilidad. La sociedad debe preocuparse de los niños sin familia.

7. Los niños tienen derecho _____

_____.

8. Los niños deben ser _____ en caso de peligro o

accidente.

9. Los niños deben estar protegidos contra cualquier _____

_____ que perjudique su salud y educación.

10. Los niños han de ser educados en _____

_____ y han de estar protegidos contra el racismo y la intolerancia.

Fuente de la información: www.unicef.org/es/convencion-derechos-nino/texto-convencion.
Accedido el: 27 abr. 2020.

2 Ahora, contesta oralmente:

a. ¿Qué cambiarías en los derechos de los niños?

b. ¿Qué derecho te parece más importante?

c. Para ti, ¿cuáles son los deberes de los niños?

¿Qué sonido tiene y cómo se escribe?

El uso de la **h**

33 **1** Escucha el audio y observa la letra destacada en el diálogo:

Hernán — ¿Vamos a tomar un **h**elado?

Anita — ¿A**h**ora?

Hernán — Sí, ¿por qué?

Anita — Porque es **h**ora de almorzar. Si tomamos un **h**elado a**h**ora, no vamos a tener **h**ambre para comer.

Hernán — ¡Ba**h**, eso es una tontería!

Anita — Es que no tengo el **h**ábito de comer antes del almuerzo.

Hernán — ¡Venga, vamos a entrar en esa **h**eladería!

Anita — ¡**H**ombre, pero qué pesado eres! Y, además, **h**oy no puedo llegar tarde a casa porque mañana tengo examen de **H**istoria y necesito estudiar.

Hernán — Bueno, entonces, ni **h**ablar. Lo dejamos para otro día.

Anita — ¡Vale!

> Algunas palabras que en portugués se escriben con la **f**, en español se escriben con la **h**. Ejemplos: **h**alcón: *falcão*; **h**arina: *farinha*; **h**acer: *fazer*; **h**ormiga: *formiga*; **h**ablar: *falar*; **h**orno: *forno*.
> Llevan **h** los derivados de palabras que tengan esa letra. Ejemplos: **h**onra / des**h**onra; **h**umano / in**h**umano; **h**abitable / in**h**abitable; **h**acer / des**h**acer / re**h**acer.

M. Unal Ozmen/Shutterstock

2 Ahora lee las frases y completa la afirmación que aparece a continuación.

a. Los grandes monumentos históricos son patrimonio de la humanidad.

b. No se debe perder el buen humor.

c. Hay que hacer de nuestra casa un hogar tranquilo y feliz.

d. La hidrografía estudia los ríos de un país o región.

e. Hoy el día está muy húmedo.

La letra _____ no tiene sonido.

3 Rellena los huecos con las palabras del recuadro:

hielo	hemisferio (2)	hermano	hospital
hoguera	hablar	hipopótamo	

a. El _____ es un animal del agua y de la tierra.

b. El agua se convierte en _____ por debajo de los 0 °C.

c. El _____ está muy cerca de aquí.

d. En Brasil es común hacer _____ en la época de São João.

e. España se encuentra en el _____ norte y Brasil, en el _____ sur.

f. Me gusta mucho _____.

g. Tengo un _____ menor.

4 Haz un círculo en las palabras en las que la **h** tiene sonido.

HIELO

chimenea

chalet

Chile

ALMOHADA

hora

CHOFER

choza

chico

ahorro

trecho

hielo

¿Vamos a leer?

1 Mira las imágenes y habla con tu compañero: ¿De qué materiales están hechas estas casas?

a.

Nowaczyk/Shutterstock

b.

meunierd/Shutterstock

c.

Celli07/Shutterstock

d.

Vladislav T. Jirousek/Shutterstock

2 Lee el texto e identifica qué vivienda se describe.

Casa Terracota: una inmensa obra de porcelana

Siempre será reconfortante encontrar elementos mágicos en el mundo y tener una concepción fantástica de la vida. Un claro ejemplo de esto es la impresionante Casa Terracota, ubicada a las afueras de Villa de Leyva. A simple vista parece un set de alguna película infantil, pero en realidad es una gigantesca porcelana.

Para su construcción, se utilizaron más de 1000 toneladas de tierra y el proceso duró alrededor de 20 años. El hombre detrás de este inmenso proyecto, es el arquitecto Octavio Mendoza Morales. Según él, esta casa "convierte la tierra en arquitectura habitable". Por eso fue moldeada a mano, como si se tratara de una delicada porcelana.

Para la construcción de la Casa Terracota, Octavio tuvo que inventarse un horno especial para cocinar cada pieza. Este proceso tomó alrededor de una semana por pieza. Dichas medidas muestran el trabajo y la tenacidad de su creador.

Una de las particularidades de la casa es que los planos se dejaron de lado y la construcción fue dándose de forma natural, como una obra de arte. La casa tiene una extensión de 500 metros cuadrados y una altura aproximada de 5 pisos. Además de esto, las camas, los muebles, los baños, la cocina y todas las demás áreas comunes fueron elaborado en arcilla.

En Casa Terracota nada está dispuesto al azar. Desde sus jardines hasta el más mínimo detalle está debidamente pensado y cuidado. Es por eso que personas de diferentes lugares del mundo vienen exclusivamente a conocerla.

ESQUIVEL, Jeffry. Casa Terracota: ¡una porcelana gigante en Boyacá! RedBus. Disponible en: https://blog. redbus.co/lugares-turisticos/casa-terracota-casa-barro-boyaca/. Accedido el: 23 mar. 2021.

3 Escribe **V** si la afirmación es verdadera o **F** si es falsa.

a. ◯ La Casa Terracota es una vivienda de una película infantil.

b. ◯ La contrucción de la Casa Terracota duró unos 20 años.

c. ◯ La casa fue moldeada a mano, como una porcelana.

d. ◯ El arquitecto se inventó un horno gigante para construir la casa.

e. ◯ Solamente las paredes externas fueron creadas en arcilla.

4 Ahora contesta a las preguntas:

a. ¿Qué materiales se utilizaron para la construcción de la Casa Terracota?

_____

_____

b. ¿Por qué se compara la construcción de esa vivienda a la producción de una obra de arte?

_____

_____

c. ¿Consideras la Casa Terracota una obra de arte? ¿Por qué?

_____

_____

5 Relaciona las expresiones con su significado en la publicación.

a. concepción   ◯ de improviso

b. tenacidad   ◯ creación de algo

c. arcilla   ◯ persistencia

d. al azar   ◯ tierra más fina, barro

El ***blog*** es un género digital escrito, publicado en Internet, en el que los autores pueden divulgar información personal o comentar sobre temas variados según la temática de cada página. Los textos pueden ser de varios estilos y se organizan en orden cronológico de publicación.

¿Cómo funciona?

Palabras que marcan el tiempo

1 Observa la tabla:

Adverbios de tiempo					
anteayer ayer hoy	mañana pasado mañana luego	pronto tarde antes	entonces ahora temprano	nunca jamás siempre	después ya

2 Escucha el diálogo y complétalo con las palabras que faltan:

Madre   Irene, ¿no te vas a levantar? Son las diez de la mañana.

Irene   ¡Vaya, qué _____ ! Los domingos no me levanto

_____, pero _____ me he pasado...

Madre   El desayuno está en la mesa, te estamos esperando para desayunar.

Irene   Gracias, mamá, pero _____ tomo el desayuno.

_____ me voy a duchar.

Madre   Es mejor que desayunes _____ , mientras está caliente.

Irene   Acabo _____ sabes que _____ tardo en el baño.

Madre   Bueno, bueno... Tú _____ dices lo mismo y _____

sales a la calle sin tomar nada.

3 Completa la secuencia con los marcadores temporales.

DÍA 24   DÍA 25   DÍA 26   DÍA 27   DÍA 28

hoy

Reprodução/Arquivo da editora

4 Utiliza **antes**, **después**, **ya**, **ahora** o **nunca** en los diálogos siguientes:

a. **Carolina** Lupe, ¿puedes ayudarme con este ejercicio?

   Lupe _____ no puedo, estoy muy ocupada.

b. **Juan** ¿A qué hora llega Roberto?

   Mario Llega _____ de las diez.

   Juan Son las nueve y media. Tenemos que esperar más de media hora.

c. **Profesor** _____ de empezar a escribir, hay que pensar en el tema.

d. **Mercedes** ¿Sabes que mañana empieza el horario de verano?

   Luis Sí, _____ lo sé.

e. **Jorge** Mañana es el cumpleaños de Carlos.

   Carmen ¡Qué cabeza la mía! Yo _____ me acuerdo.

5 Elige las palabras adecuadas para completar cada una de las frases:

a. _____ no tenemos clase de Historia.

   ○ Nunca   ○ Hoy   ○ Ayer   ○ Antes

b. Fernando llega de la escuela _____ a la misma hora.

   ○ ahora   ○ temprano   ○ entonces   ○ siempre

c. Primero vamos al cine y _____ vamos a comer una pizza.

   ○ antes   ○ temprano   ○ luego   ○ siempre

d. Entramos en casa y _____ escuchamos el teléfono que tocaba.

   ○ ahora   ○ nunca   ○ tarde   ○ entonces

6 Completa el texto con las palabras del recuadro:

mañana	pasado mañana	ayer	anteayer

_____, **martes**, leí en un anuncio del periódico que vendían una casa estupenda

a buen precio. _____, **miércoles**, fui a la inmobiliaria para comprarla. Como

el vendedor no tenía las llaves de la casa, lo dejó para _____, **viernes**. Como

no puedo ir mañana porque tengo un compromiso, quedamos para _____,
sábado.

Adivinanza: Con base en lo que has leído, ¿qué día es hoy? _____.

Los interrogativos

1 Lee y estudia el cuadro abajo:

Los interrogativos	
¿**Qué** tienes en la mano?	¿**Cuándo** vienes a mi casa?
¿**Quién** eres?	¿**Cuánto** tiempo falta para el recreo?
	¿**Cuántos** años tienes?
¿**Quiénes** son tus padres?	¿**Cuántas** veces te voy a decir lo mismo?
	¿**Dónde** está tu hermano?
¿**Cuál** es su casa?	¿**Adónde** vas de vacaciones?
¿**Cuáles** son los meses del año?	¿**Cómo** se escribe?

2 Escucha el diálogo y completa los huecos con los interrogativos destacados en el cuadro anterior:

Rosana ¡Hola, Sergio! ¿_____ estás?

Sergio Bien, gracias. ¡Por fin nos encontramos!

Rosana ¿_____ tiempo hace que no nos vemos?

Sergio Creo que unos seis meses, ¿no?

Rosana Pero ¿_____ estabas?

Sergio Estaba viajando por Argentina, Uruguay y Paraguay.

Rosana Ah, sí... Y ¿_____ fue contigo?

Sergio Viajé con mi primo.

Rosana ¿_____ de ellos, José o Pablo?

Sergio Pablo. ¿Te acuerdas de él?

Rosana Claro que me acuerdo.

Sergio Y tú, ¿_____ estás haciendo?

Rosana Estoy estudiando mucho.

Sergio ¿Y _____ terminas la carrera?

Rosana Este año.

3 Ahora, lee el diálogo y utiliza los interrogativos para rellenar los espacios. Después escúchalo y comprueba tus respuestas.

Lola ¡Buenas tardes! Mi nombre es Lola y vengo por el anuncio de plazas en el albergue.

David ¡Buenas tardes! Yo soy David. ¿_____ te enteraste del anuncio?

Lola Por el mural de la Universidad.

David Bueno, necesito que contestes a algunas preguntas, ¿vale?

Lola Vale.

David ¿_____ años tienes?

Lola Tengo diecinueve años.

David ¿De _____ eres?

Lola Soy de Uruguay.

David ¿_____ tiempo hace que vives en Salamanca?

Lola Llegué hace un mes.

David ¿Con _____ vives ahora?

Lola Vivo con tres amigos chilenos en un piso. Pero en quince días se van de España y no puedo pagar sola el alquiler.

David Entiendo. ¿_____ pretendes mudarte?

Lola Lo más rápido posible.

David Bueno, hoy tenemos vacía una habitación individual, que cuesta 50 euros por mes. Pero pasado mañana tendré otras dos plazas en habitaciones dobles, a 30 euros. ¿_____ te parece?

Lola Creo que voy a esperar una plaza en habitación doble.

Los verbos pronominales

1 Lee el cuadro y observa el uso de los pronombres complemento.

(yo)	**Me**	levanto a las siete de la mañana.
(tú)	**Te**	duchas por la tarde.
(usted)	**Se**	seca con la toalla.
(él / ella)	**Se**	peina el pelo.
(nosotros/as)	**Nos**	lavamos los dientes.
(vosotros/as)	**Os**	vestís después de la ducha.
(ustedes)	**Se**	miran en el espejo.
(ellos / ellas)	**Se**	relajan jugando al baloncesto.

2 Lee el texto que sigue y completa los huecos con los verbos entre paréntesis. Utiliza la primera persona de singular en presente de indicativo.

Cuando _____ (**cansarse**) mucho, busco una playa, un fin de semana, para _____ (**recuperarse**) del trabajo. Es donde más _____ (**relajarse**). Allí _____ (**quitarse**) los zapatos, _____ (**olvidarse**) de los problemas y no _____ (**preocuparse**) por nada. Es la mejor forma de reponer las energías.

3 Ahora reescribe el texto del ejercicio anterior con los verbos en la segunda persona de singular en presente de indicativo.

_____

_____

_____

_____

4 Mira el reloj y complétalo con las palabras del recuadro.

menos cuarto	y diez	y media	en punto	menos cinco	y veinticinco

Para decir la hora

¿Qué hora es?
Es la una.
Son las dos / tres / cuatro…

Para decir horarios

¿A qué hora…?
A la una.
A las dos / tres / cuatro…

_____

menos diez

menos veinte

menos veinticinco

y cinco

_____

y cuarto

y veinte

_____

Photoongraphy/Shutterstock

5 Observa las imágenes y escribe qué hace la chica por la mañana, apuntando la hora.

a.

_____

b.

_____

Ilustrações: Gilberto Valadares/Arquivo da editora

c.

_____

d.

_____

e.

_____

f.

_____

El anuncio clasificado

El anuncio clasificado que está presente en muchos medios de comunicación, como periódicos, revistas, sitios de Internet e incluso en aplicaciones especializadas, que tiene el objetivo de ofrecer un servicio o un producto.

Los anuncios de ese tipo suelen tener textos cortos y pueden incluir en su composición fotografías de lo que se quiere anunciar: alquiler, compra y venta de casas, por ejemplo. Mira el anuncio clasificado de una casa.

http://www.viviendaencantadora.com

AnnaTamila/Shutterstock

Venta – Hermosa casa en Vereda de las Peñas

Casa de estilo contemporáneo con 200 m². Tiene 1 salón en dos ambientes con chimenea, 1 salón comedor, 1 cocina amplia y muy bien equipada, bonito jardín con piscina y garaje con plaza para dos coches. Llama la atención su arquitectura por su atractivo juego de cubiertas y terrazas. En la planta de arriba están las 4 habitaciones con 2 baños. El dormitorio principal tiene zona vestidor, baño y un pequeño despacho. Calefacción por suelo de gas natural y aire acondicionado.

Pregunta al anunciante

Hola, me interesa este inmueble y me gustaría hacer una visita.

Un saludo.

Correo electrónico

Teléfono   Nombre

Recibir ofertas de inmuebles similares a este

Contactar

✆ 915 502 217

Ahora, sigue las orientaciones para crear un anuncio clasificado de venta de una vivienda.

Preparación

1. Elige una vivienda para tu clasificado. Puedes elegir una vivienda que conoces o buscar opciones en Internet.

2. Enumera las partes de la vivienda y sus características.

Partes de la vivienda	Características

3. Busca una o más fotografías que representen la vivienda.

Producción

1. Consulta la lista anterior y selecciona las características de esa vivienda según la imagen que elegiste.

2. Escribe el borrador del texto principal de tu anuncio con las siguientes informaciones: partes de la casa, número de habitaciones, ubicación y otras características específicas del inmueble elejido.

3. Escribe el título del anuncio, que debe llamar la atención del público.

Revisión

1. Revisa el esquema visual de tu anuncio. Verifica la disposición de la fotografía y haz las correcciones estructurales y lingüísticas con la ayuda de tu profesor.

2. Si necesario, edita la imagen que has seleccionado.

Versión final

1. Crea el anuncio definitivo de la vivienda. Fíjate en los elementos obligatorios: texto corto con las características de la vivienda y fotografía.

2. Presenta tu anuncio a tus compañeros.

¡Entérate!

La vivienda digna

El acceso a una vivienda digna y adecuada es un derecho establecido en la Declaración de los Derechos Humanos y va mucho más allá que tener solamente una casa con techo y paredes. En Latinoamérica y el Caribe, un número expresivo de latinos vive en situaciones de riesgo, por consiguiente, no tienen acceso a muchos servicios e infraestructura. ¿Crees que la pandemia provocada por la covid-19 empeoró la condición de vida de esas personas? Lee el texto para enterarte de este tema.

La vivienda, un derecho humano más que fundamental

La emergencia sanitaria provocada por la covid-19 está agravando un problema global de alojamiento. La vivienda inclusiva, asequible y adecuada es la clave para la transformación sostenible de nuestras ciudades y comunidades. Sin una casa adecuada, no es posible seguir las recomendaciones de las autoridades sanitarias de distanciamiento social y buenas prácticas de higiene, y alrededor de 1.800 millones de personas, más del 20% de la población mundial, carecen de una vivienda adecuada. Mil millones de ellas residen en asentamientos informales y más de 100 no tienen hogar. Para 2030, el número de residentes en viviendas inadecuadas podría aumentar a 3.000 millones.

La falta de saneamiento básico puede agravar la crisis sanitaria. En la foto, viviendas em São Paulo, Brasil, 2021.

Los ciudadanos y ciudadanas más afectados en esta pandemia son los que habitan en barrios marginales y asentamientos informales. Además del estresante entorno de confinamiento en viviendas pequeñas y hacinadas, la interrupción de las redes de protección y la disminución del acceso a los servicios aumentan el riesgo de violencia para mujeres y niños. La prevalencia del estrés y las condiciones de vida insalubres también contribuyen a la mala salud de todos.

[...]

SÁNCHEZ-MIRANDA, CARMEN. *El País*, España, 5 oct. 2020. Disponible en: https://elpais.com/elpais/2020/10/03/seres_urbanos/1601712595_609620.html. Accedido el: 2 mar. 2021.

1 Según el texto, ¿cuáles son las personas más afectadas por la pandemia?

2 ¿Como una vivienda adecuada puede contribuir para la protección en la relación a la covid-19?

3 ¿Cómo son las viviendas en tu ciudad? ¿Crees que todas ofrecen las mismas condiciones para sus habitantes? Habla con tus compañeros.

Sigue explorando

Rascacielos de España y Latinoamérica

Muestra de desarrollo y crecimiento económico, los rascacielos son edificios de gran altura y muchos pisos que surgieron como solución a la superpoblación y a los elevados precios de muchos terrenos. Latinoamérica y España se destacan en la construcción de grandes edificios, y cada año torres más altas superan su propio récord. Conoce dos de los rascacielos más altos de la actualidad.

Torre de Cristal (Madrid)

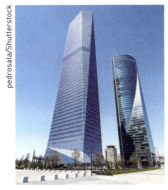
pedrosala/Shutterstock

La Torre de Cristal es un rascacielos de 249 metros y 50 plantas ubicado en Madrid. Actualmente es el edificio más alto de España y de la Unión Europea.

Torres Obispado

Monica Garza 73/Shutterstock

La estructura de una de las Torres Obispado, ubicadas en Monterrey, México, alcanzó en marzo de 2020 una altura de 305,3 metros, convirtiéndose en el edificio más alto construido en América Latina.

Ahora, investiga otros rascacielos en España y Latinoamérica y elige el que más te guste para presentarlo en clase. Para eso, sigue estas orientaciones:

- Busca información en Internet.
- Selecciona imágenes o videos de la construcción elegida.
- Organiza tu investigación en una presentación para compartir con tus compañeros.

Para explorar más

- BOMBARA, Paula. *Una casa de secretos*. Buenos Aires: SM Ediciones, 2011.
  A partir de una casita en miniatura que recibe desde Francia, la familia De Vitta reconstruye un pasado de amor, guerras y secretos.
- MUSEO Frida Kahlo – La Casa Azul. Disponible en: www.museofridakahlo.org.mx/es/el-museo/. Accedido el: 2 mar. 2021.
  Sitio del museo en el que se puede hacer un recorrido virtual por la Casa Azul, sus jardines, galerías y obras de Frida Kahlo.
- PUERTA del Tiempo. Dirección: Pedro Delgado. Producción: Magic Films. España, 2002.
  Dos hermanos son accidentalmente transportados al pasado. En sus intentos por volver al presente, los niños pasan por distintas épocas de la Historia.
- TODO-CLARO.COM. A1: La casa. Disponible en: https://www.todo-claro.com/castellano/principiantes/vocabulario/La_casa_la_casa/Seite_1.php. Accedido el: 23 mar. 2021.
  En ese sitio podrás encontrar actividades interactivas con el vocabulario de la casa.

Unidad 1

1 Completa los diálogos cortos de presentación personal con las expresiones del recuadro.

¿cómo estás?	presento	¡Hasta luego!
Mucho gusto	Bien	¿Cómo te llamas?

a. —Les _____ a mi amigo Javier.

—Hola a todos.

—_____.

—Encantado.

b. —_____

—Me llamo Samuel, ¿y tú?

—Yo soy Carlos.

c. —¡Buenos días!

—Hola, _____

—Muy bien, ¿y tú?

—_____, gracias.

d. —Chicas, se me hace tarde.

—¡Qué pena!

—Adiós.

—_____

2 Señala la respuesta correcta.

a. ¿Cómo te llamas?

◯ —Mi nombre es Fernando.

◯ —Soy de Brasil.

◯ —Adiós.

b. ¿Cómo estás?

◯ —Mucho gusto.

◯ —Gracias.

◯ —Muy bien.

c. ¿De dónde eres?

◯ —Soy estudiante.

◯ —Soy venezolano.

◯ —Soy Enrique.

d. Te presento a mi amigo.

◯ —Adiós.

◯ —Encantado.

◯ —De nada.

3 Escribe la nacionalidad correspondiente.

a. Felipe es de España, es _____.

b. Luisa es de Ecuador, es _____.

c. Pedro y Carlos son de Venezuela, son _____.

d. Soraya es de Argentina, es _____.

e. Marta es de Chile, es _____.

f. Mónica es de Paraguay, es _____.

g. Silvia y Lucas son de México, son _____.

h. Jorge es de Bolivia, es _____.

i. Isabel y Juan son de Cuba, son _____.

j. Marisol es de Honduras, es _____.

Ilustrações: Banco de imagens/Arquivo da editora

4 Investiga y completa la información con la nacionalidad que le corresponde.

a. La paella es un plato típico _____.

b. River es un equipo de fútbol _____.

c. Punta del Este es una ciudad _____.

d. Shakira es una cantante _____.

e. La chicha morada es una bebida _____.

f. El sombrero es un accesorio típico _____.

g. Santiago de Chile es la capital _____.

h. Galápagos es un archipiélago _____.

johavel/Shutterstock

5 Relaciona los verbos destacados con los pronombres correspondientes.

a. Mis amigos **son** argentinos.

b. **Eres** una persona muy especial.

c. Guillermo y yo **somos** dos adolescentes peruanos.

d. Marta **es** mi mejor amiga.

e. **Soy** un chico muy inteligente.

f. Pablo y María, ¿**sois** de otro país?

○ nosotros

○ yo

○ tú

○ ellos

○ vosotros

○ ella

6 Completa las frases con el verbo **ser**.

a. Mis padres _____ españoles de Barcelona.

b. Tienes un acento diferente. ¿De dónde _____ (tú)?

c. Luisa y yo _____ amigas desde las primeras semanas de clase.

d. Susana _____ una niña ecuatoriana.

e. Yo _____ estudiante de español.

f. Andrés y Juan, vosotros _____ mis mejores amigos.

Unidad 2

1 Completa las frases con los útiles escolares del recuadro.

bolígrafo	lápiz	estuche	tijeras
mochila	sacapuntas	goma	regla

a. Como tengo muchas clases por día, arreglo diariamente mi _____ para llevar solo lo que es necesario.

b. Julia, ¿tienes un _____ para prestarme? Necesito afilar los lápices.

c. En las clases de Geometría, uso bastante la _____ para hacer los triángulos.

d. En mis apuntes personales, prefiero utilizar el _____ para registrar los contenidos de las clases.

e. En todos los exámenes, es obligatorio el uso de _____ negro o azul.

f. Tengo un montón de lápices de color y los guardo en mi _____, junto con otros materiales.

g. Cuando necesito borrar algo, prefiero utilizar la _____. El corrector en cinta ensucia mucho el cuaderno.

h. Uso las _____ en las clases de Artes porque me gusta mucho hacer collage.

2 Mira los lápices y escribe los colores en español.

Miss. Maneerat junlobun/Shutterstock

a. _____.

b. _____.

c. _____.

d. _____.

e. _____.

f. _____.

3 Lee el relato de Blanca y complétalo con las preposiciones **de** o **a** y sus respectivas contracciones.

Todos los días, voy _____ colegio a las siete de la mañana. Tengo muchas clases, pero lo

que más me gusta es la hora _____ recreo, porque puedo salir _____ patio _____

jugar con mis amigos y enterarme _____ las noticias del día en las redes sociales.

En las clases de Español, aprendo mucho sobre la cultura _____ los países _____

Latinoamérica y _____ España. _____ término de la última clase, vuelvo a casa,

almuerzo, y, después, voy _____ la clase de Inglés. Es un día muy ajetreado. Siempre tengo
muchas tareas, pero tengo tiempo para descansar y hacer las actividades que me gustan.

4 Completa los huecos con las palabras del recuadro. Después escucha y comprueba si los has
completado correctamente.

la	el	un	las	una	los	al	del

¿Sabes cómo se forma _____ arcoíris?

_____ arcoíris aparecen en _____ cielo cuando hay luz solar brillante y lluvia.

_____ luz solar está formada por diferentes colores. Cuando _____ rayos _____ sol

penetran en _____ gota de agua, _____ gota actúa como _____ espejo. _____

rayos se desvían, descomponen _____ luz y se forma _____ arcoíris.

Solo puedes ver _____ arcoíris cuando _____ luz _____ sol está detrás de ti y

_____ lluvia frente a ti. Durante _____ día soleado, puedes hacer _____ arcoíris

con _____ manguera o regadera de jardín. _____ arcoíris de más duración, con más

de 3 horas, se vio en _____ norte de Wales, en _____ País de Gales.

Disponible en: www.icarito.cl/2009/12/como-se-hace-un-arcoiris.shtml.
Accedido el: 20 abr. 2021.

5 Lee la historieta y completa las palabras con la **b** o la **v**.

© Joaquín Salvador Lavado (Quino)
TODA MAFALDA/Fotoarena

QUINO. *Toda Mafalda*. Barcelona: Editorial Lumen, 1992.

6 Ahora contesta a las preguntas sobre la historieta.

a. Mafalda está estudiando la lectura de palabras con la **b** y la **v**, pero no está muy animada con lo que lee. ¿Por qué?

_____

_____

_____

_____

b. ¿Qué piensa Mafalda sobre los escritores que enseñan a leer?

_____

_____

_____

_____

c. ¿Estás de acuerdo con Mafalda?

_____

_____

_____

_____

7 Completa las frases con los verbos **ser**, **estar** y **tener**.

a. Yo _____ once años, _____ en el sexto de primaria y

_____ capitán del equipo de baloncesto.

b. María _____ en la escuela y _____ muchos amigos. Sus amigos

_____ guays.

c. Joaquín _____ casado con Libertad. Ella _____ española. Ellos

_____ tres hijos.

d. Laura y Ana _____ panameñas, _____ de vacaciones y

_____ ganas de conocer nuestro país.

e. Vosotros _____ muchos lápices. Los lápices _____ de colores y

_____ en el estuche.

f. Tú _____ brasileña, _____ aprendiendo español y _____ que hacer los ejercicios.

Unidad 3

1 Cuatro familias se conocen en una excursión y van charlando en un autocar. Lee con atención los diálogos y luego descubre el grado de parentesco entre estas personas.

Gilberto Valadares/Arquivo da editora

1.

| **Ángela** | Mi padre es mecánico y mi madre trabaja en una oficina. Estudio por la mañana y me encargo de mis hermanos por la tarde. |
| **José** | También estudio por la mañana y por la tarde estoy aprendiendo tecnología. Mira, aquel es mi abuelo. |

2.

Rosa	¿Esos pequeños son tuyos?
Mabel	No, el mío es aquel que está sentado solo. Creía que eran tuyos.
Rosa	No, mi marido y yo no queremos hijos todavía.

3.

Luis	¿Estás viajando solo?
Pablo	¡Qué va! Siempre salimos todos: mi mujer, mis tres hijos y yo.
Luis	¿Aquel muchacho es tu hijo?
Pablo	No, pero la que está hablando con él es mi hija. Mis hijos son esos dos pequeños. Y tu, ¿estás casado?
Luis	Sí, pero no tengo hijos. Mi mujer y yo pensamos tenerlos dentro de cinco años.

4. **María**   ¿Puedo sentarme aquí?

Manolo   Sí, por supuesto.

María   Como estabas solo, he venido a hacerte compañía.

Manolo   Es que no quería viajar con mis padres. Ellos me obligan como si fuera un chiquillo.

5. **Antonio**   ¿A qué te dedicas?

Ramón   Soy abogado, ¿y usted?

Antonio   Soy profesor, pero estoy jubilado. Por eso tengo tiempo libre para viajar con mi nieto, con quien me llevo bien.

Ramón   ¡Qué suerte! Solo tengo un hijo y tenemos problemas de comunicación. Debe de ser por su edad.

José _____.

Rosa _____.

Mabel _____.

Pablo _____.

Luis _____.

María _____.

Manolo _____.

Ramón _____.

Antonio _____.

2 Completa las frases siguientes con los demostrativos.

RECUERDA:	aquí ahí allí	cerca menos cerca lejos

a. Ahí hay un libro. _____ libro es de mi hermana.

b. El sacapuntas está **aquí**. ¿De quién es _____ sacapuntas?

c. Allí está el museo. En _____ museo hay cuadros muy bonitos.

d. Aquí hay unos bolígrafos. _____ bolígrafos son azules.

e. Los niños están **allí**. _____ niños son mis vecinos.

f. Los caramelos están **ahí**. _____ caramelos son de chocolate.

g. ¿Quién es _____ mujer que está **allí**?

h. _____ chicas que están **ahí** en la foto son mis amigas.

3 Rellena el cuadro y las frases a continuación con los posesivos adecuados.

(yo)		primos
(tú)		abuelo
(él / ella / usted)		hermanas
(nosotros/as)		amigos
(vosotros/as)		yerno
(ellos / ellas / ustedes)		suegra

a. Nosotros tenemos un coche. Es _____ coche. El coche es _____.

b. Yo tengo dos perros. Son _____ perros. Los perros son _____.

c. Julia tiene una gata. Es _____ gata. La gata es _____.

d. Tú tienes muchos amigos. Son _____ amigos. Los amigos son _____.

e. Usted tiene un ordenador. Es _____ ordenador. El ordenador es _____.

4 Relaciona las expresiones de tiempo con las viñetas abajo.

a. Hace viento.   **b.** ¡Uf, qué calor!   **c.** ¡Qué buen día hace!

d. ¡Uy, qué frío!   **e.** ¡Cómo llueve!

5 Busca en un calendario los meses del año y completa el cuadro de conmemoraciones.

Día Mundial del Medio Ambiente	5 de junio
Año Nuevo	Uno de
Día del Trabajo	Uno de
Independencia de Brasil	7 de
Proclamación de la República de Brasil	15 de
Navidad	25 de

Ilustrações: Gilberto Valadares/ Arquivo da editora

Unidad 4

 1 Lee el texto y acompaña la grabación. Después contesta a las preguntas.

El mar, la mar

El mar. La mar.
El mar. ¡Solo la mar!

¿Por qué me trajiste, padre, a la ciudad?

¿Por qué me desenterraste del mar?

En sueños, la marejada me tira del corazón.
Se lo quisiera llevar.

Padre, ¿por qué me trajiste acá?

ALBERTI, Rafael. *Rafael Alberti para niños*. Madrid:
Ediciones de la Torre, 2000. Disponible en: www.
palabravirtual.com. Accedido el: 13 mar. 2021.

artcasta/Shutterstock

a. Busca en el diccionario la palabra **mar** y descubre cuál de las dos formas es la correcta:
¿**el** mar o **la** mar?

_____

_____

_____

b. ¿De qué se lamenta el poeta?

_____

_____

_____

c. ¿Qué sentimiento(s) te produce este poema?

_____

_____

d. ¿Qué es para ti la poesía?

_____

_____

e. ¿Has escrito alguna vez un poema?

_____

_____

2 Lee las definiciones, descubre a qué partes del cuerpo se refieren y resuelve el crucigrama.

1. Órgano externo de la audición.

2. Cicatriz con forma redonda y arrugada que queda en el centro del vientre tras cortar el cordón umbilical.

3. En la cara de una persona, parte que sobresale entre los ojos y la boca y forma la entrada del aparato respiratorio.

4. Parte estrecha del cuerpo que une la cabeza con el tronco.

5. Órgano de la vista.

6. Parte del brazo humano por donde se articula la mano con el antebrazo.

7. Parte posterior y prominente de la articulación del brazo con el antebrazo.

8. Parte externa y prominente de la articulación del muslo con la parte inferior de la pierna.

9. Tejido externo que cubre y protege el cuerpo de las personas y de los animales.

10. Parte del cuerpo humano formada por una cavidad en la que están los dientes y la lengua.

3 Completa las frases con los verbos del recuadro en presente de indicativo.

vivir terminar trabajar leer partir comprar estudiar comer

a. Los domingos mis padres y yo _____ en un restaurante.

b. ¿A qué hora _____ la clase?

c. Nosotros _____ las noticias del periódico.

d. Pablo y yo _____ en el mismo colegio.

e. Mis primos _____ cerca de mi casa.

f. El tren _____ a las cinco de la tarde.

g. Mi hermana _____ en un banco.

h. Mi madre _____ muchas frutas cuando va al mercado.

4 Relaciona los verbos destacados con los pronombres correspondientes.

a. Marta **va** al club los sábados.

b. Jimena y Mercedes **caminan** cada día.

c. Hola, niños. ¿**Hacéis** algún deporte fuera del colegio?

d. **Tienes** clases de natación una vez por semana.

e. Javi y yo **vivimos** en el mismo barrio.

f. **Estudio** Español en el colegio.

○ nosotros

○ yo

○ tú

○ ellas

○ vosotros

○ ella

5 Escribe en qué personas están los verbos conjugados.

a. aprenden _____

b. cantas _____

c. leo _____

d. baila _____

e. compramos _____

f. estudian _____

g. salís _____

h. bajáis _____

i. jugamos _____

j. comes _____

k. subo _____

l. corre _____

6 Lee las afirmaciones y reescribe las frases en femenino.

a. El jugador está muy contento con la victoria.

_____

_____

b. El cantante argentino tiene muchos seguidores en las redes sociales.

_____

_____

c. Mi padre es un excelente actor.

_____

_____

d. Los estudiantes de mi clase son muy listos.

_____

_____

Unidad 5

1 Describe las escenas y la ropa que llevan las personas de las fotografías. Utiliza verbos en presente de indicativo.

a.

_____

_____

_____

_____

_____

b.

_____

_____

_____

_____

_____

c.

_____

_____

_____

_____

_____

d.

_____

_____

_____

_____

_____

2 Están llegando las vacaciones. Retira del ropero las prendas de vestir que cada uno de los chicos debe llevar en su viaje. ¡Ojo! Algunas prendas pueden servir para los dos.

Felipe y Soraya van a viajar, pero sus destinos son muy diferentes. Felipe va a España, donde hace mucho frío en esta época del año. Soraya va a Salvador, la capital de Bahía en el nordeste de Brasil, y allí hace mucho calor. Pero los dos tienen el mismo problema: aún no han arreglado sus maletas.

Gilberto Valadares/Arquivo da editora

a. Felipe: _____

_____

_____.

b. Soraya: _____

_____

_____.

3 Lee el texto y completa los huecos. Después acompaña la grabación y comprueba tus respuestas.

Decir lo contrario

Vamos a jugar a decir lo contrario
Vamos a jugar a decir lo contrario

Yo digo grande
Y vosotros, pequeño

Bueno, _____

_____, despacio

Gordo, _____

_____, malo

Abierto, _____

_____, abajo

_____, feo

Fuerte, _____

LEPIQUE, Roseli. *Canciones infantiles*: versión iberoamericana. Brasilia: Embajada de España en Brasilia, 2007. Disponible en: www.psicomus.com.br/ms14_Dcrcontrario.html. Accedido el: 16 jun. 2021.

4 Paco y Juan son muy parecidos físicamente, pues son hermanos gemelos, pero como dice el refrán, "sobre gustos no hay nada escrito". Completa el texto con el verbo **gustar**.

A Paco _____ mucho hacer dibujos, pero a Juan no _____ nada

dibujar. A él _____ leer.

A Juan _____ los animales y, en especial, _____ mucho su perrita

Luna, pero a Paco _____ más los pájaros.

A Juan _____ practicar deportes y va al gimnasio todos los días. Paco, a su vez,

odia hacer gimnasia. A él _____ ir al cine y _____ las películas de

ciencia ficción.

Pero en una cosa Paco y Juan están de acuerdo.

A los dos _____ mucho las vacaciones.

Lstudio/Shutterstock

Unidad 6

1 Completa el texto con las palabras del recuadro.

> Francia niños generosidad diente sombrero madres hijo almohada zapatos ocho espalda ciudad habitaciones pequeño Italia mano

El ratón Pérez

El ratón Pérez es un personaje muy popular entre los _____ en muchos países.

La leyenda se ha convertido en costumbre: cuando a un niño se le cae un _____ de leche, lo pone debajo de su _____ y el ratoncito Pérez se lo cambia por monedas o un regalo.

Esta tradición es bastante difundida alrededor del mundo y conocida como "La Petite Souris" en _____, "Topolino" en _____ y "Ratoncito Pérez" en los países hispanohablantes.

Su origen está ligada a las antiguas costumbres de las sociedades agrarias europeas. En ellas las _____ solían ofrecer los dientes de leche de sus hijos a los ratones que crecían entre el grano para favorecer la fertilidad de sus campos y el crecimiento saludable de sus niños. Entretanto, es el padre jesuita Luis Coloma (1851-1915), miembro de la Real Academia Española, el autor de la leyenda como la conocemos hoy.

En el siglo XIX, La reina Doña María Cristina, con motivo de la caída de un diente de su _____ a los _____ años de edad, le encomendó la creación de un cuento como regalo para él, el futuro rey Alfonso XIII.

El ratón, con _____ de paja, lentes de oro, _____ de lienzo y una cartera roja colocada a la _____, vivía con su familia dentro de una gran caja de galletas, en Madrid, a cien metros del Palacio Real.

El pequeño roedor se escapaba de su domicilio y a través de las cañerías de la _____ llegaba a las _____ del rey Buby (que era como la reina llamaba a su hijo) y a las de otros niños más pobres que habían perdido algún diente.

El cuento trata de la la fraternidad humana, descrita en el viaje que el _____ rey Buby inicia de la _____ del ratón para conocer como vivían sus súbditos. En este viaje, Buby aprende valores como el cuidado de sus súbditos, la valentía y la _____.

La primera edición del cuento data de 1902. Su manuscrito se conserva, desde 1894, en la biblioteca del Palacio Real.

Fuente de la información: https://www.educapeques.com/lectura-para-ninos/ratoncito-perez.html.
Accedido el: 31 mayo 2021.

2 Retira del texto anterior todos los números cardinales y escríbelos con palabras.

1851 mil ochocientos cincuenta y uno.

1894: _____ .

1902: _____ .

1908: _____ .

1915: _____ .

3 ¿En qué parte de la casa se realizan estas actividades? Relaciona.

a. El padre prepara la comida...   ◯ en el cuarto de baño.

b. La familia almuerza...   ◯ en el despacho.

c. Los niños ven la tele...   ◯ en el comedor.

d. La madre duerme...   ◯ en el patio.

e. Me ducho todas las mañanas...   ◯ en la habitación

f. El perro está tomando el sol...   ◯ en la cocina.

g. Luis está estudiando...   ◯ en la sala.

4 En cada secuencia de muebles u objetos hay un intruso. Descúbrelo.

a. la cuchara, la cocina, la habitación, el comedor.

b. el pasillo, el lavadero, el cuarto de baño, el pantalón vaquero.

c. la nevera, el fregadero, el vestido, el grifo, el lavavajillas, las sillas.

d. la mampara, el retrete, la bañera, el ordenador.

5 Completa las frases con los verbos indicados entre paréntesis y sus respectivos pronombres.

a. Si no _____ (**apuntarse**, **vosotros**) en la lista, no podéis ir a la excursión.

b. Siempre _____ (**despertarse**, **tú**) después de las nueve.

c. ¿A qué _____ (**dedicarse**, **usted**)?

d. _____ (**alegrarse**, **nosotros**) mucho por vosotros.

e. ¡Cómo sois! Siempre _____ (**retrasarse**, **vosotros**).

6 Completa las frases con los pronombres interrogativos del recuadro.

qué   dónde   cuánto   cómo

a. ¿ _____ es tu vestido?

b. ¿ _____ están mis zapatos?

c. ¿ _____ hora es?

d. ¿A _____ hora empieza el partido de fútbol?

e. ¿De _____ vienes?

7 Forma frases escribiendo las horas con palabras. Enseguida, marca los punteros de los relojes.

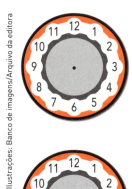

a. Yo / levantarse / 6h30

_____

_____

b. El autobús / salir / 20h15

_____

_____

c. El avión / llegar / 9h45

_____

_____

d. La clase / terminar / 12h

_____

_____

Ilustrações: Banco de imagens/Arquivo da editora

Bibliografía

ALMEIDA FILHO, J. C. P. (coord.). *Português para estrangeiros*: interface com o espanhol. São Paulo: Pontes, 2001.

BAKHTIN, M. *Estética da criação verbal*. 2. ed. São Paulo: Martins Fontes, 1997.

BENITO, A. B. G. La competencia intercultural y el papel del profesor de lenguas extranjeras. Disponible en: https://dialnet.unirioja.es/servlet/articulo?codigo=3186598. Accedido el: 2 jun. 2021.

BRASIL. Ministério da Educação. Secretaria de Educação Básica. União Nacional dos Dirigentes Municipais da Educação. Conselho Nacional de Secretarias de Educação. Base Nacional Comum Curricular. Versão final. Dezembro de 2018. Disponible en: http://basenacionalcomum.mec.gov.br/images/BNCC_EI_EF_110518_versaofinal_site.pdf. Accedido el: 3 mar. 2021.

BRASIL. Presidência da República. Casa Civil. Subchefia para Assuntos Jurídicos. *Lei nº 9.394, de 20 de dezembro de 1996*. Estabelece as diretrizes e bases da educação nacional. Brasília, DF: Presidência da República, 1996. Disponible en: www.planalto.gov.br/ccivil_03/leis/l9394.htm. Accedido el: 14 mayo 2021.

CAMARGO, F.; DAROS, T. *A sala de aula inovadora*. São Paulo: Penso Editora, 2018.

CASSANY, D. *Tras las líneas*: sobre la lectura contemporánea. Barcelona: Anagrama, 2006.

CELADA, M. T.; GONZÁLEZ, N. T. M. El español en Brasil: un intento de captar el orden de la experiencia. *In*: *O ensino do espanhol no Brasil*: passado, presente, futuro. São Paulo: Parábola, 2005.

CONSOLO, D. A.; ABRAHÃ, M. H. V. (org.). *Pesquisas em linguística aplicada*: ensino e aprendizagem de língua estrangeira. São Paulo: Editora da Unesp, 2004.

CUERVO, R. J. *Diccionario de construcción y régimen de la lengua española*. Santafé de Bogotá: Instituto Caro y Cuervo, 1994.

DI TULLIO, A; MALCOURI, M. La gramática y la enseñanza de la lengua. *In*: *Gramática del español para maestros y profesores del Uruguay*. Montevideo: ANEEP, 2012.

DINTEL, F. *Cómo se elabora un texto*. Barcelona: Alba Editorial, 2002.

FREIRE, P. *Pedagogia da autonomia*: saberes necessários à prática educativa. São Paulo: Paz e Terra, 1992.

FREITAS, L.; GOETTENAUER, E. *Sentidos en lengua española 1*. São Paulo: Moderna, 2016.

GONZÁLEZ, N. M. Portugués brasileño y español: lenguas inversamente asimétricas. *In*: CELADA, M. T.; GONZÁLEZ, N. M. (coord.). Gestos trazan distinciones entre la lengua española y el portugués brasileño. *Signos ELE*, n. 1-2, dic. 2008. Disponible en: http://p3.usal.edu.ar/index.php/ele/article/view/1394. Accedido el: 3 mar. 2021.

MANCERA, A. M. C. Comunicación no verbal y enseñanza de lenguas extranjeras. *In*: *Cuadernos de didáctica del Español/LE*. Madrid: Arco Libros, 1999.

MARCUSCHI, L. A. Gêneros textuais: definição e funcionalidade. *In*: DIONISIO, P. A.; MACHADO, R. A.; Bezerra, A. M. *Gêneros textuais & ensino*. Rio de Janeiro: Lucerna, 2008.

MATTE BON, F. *Gramática comunicativa del español*. Tomo I: De la lengua a la idea. Tomo II: De la idea a la lengua. Madrid: Edelsa, 1995.

MORENO, C. *Gramática contrastiva del español para brasileños*. Madrid: SGEL, 2007.

MORIN, E.; DÍAZ, C. E. D. *Reinventar a educação*: abrir caminhos para a metamorfose da humanidade. São Paulo: Palas Atenas, 2016.

OLIVEIRA, M. K. *Vygotsky*: aprendizado e desenvolvimento. Um processo sócio-histórico. São Paulo: Scipione, 1995.

REAL Academia Española. Disponible en: www.rae.es/. Accedido el: 3 mar. 2021.